巴国佛踪

BAGUO FOZONG
BANANQU FOJIAO YIZHI BEITA JILU

——巴南区佛教遗址碑拓辑录

下

道坚法师 著

四川大学出版社

责任编辑：谢正强
责任校对：杨合林　袁　捷
封面设计：墨创文化
责任印制：王　炜

图书在版编目（CIP）数据

巴国佛踪：巴南区佛教遗址碑拓辑录．下／道坚法
师著．—成都：四川大学出版社，2016.5
ISBN 978－7－5614－9578－0

Ⅰ．①巴…　Ⅱ．①道…　Ⅲ．①佛教－宗教建筑－文化
遗址－重庆市②碑刻－拓片－重庆市－图集
Ⅳ．①K878.6②K877.422

中国版本图书馆 CIP 数据核字（2016）第 125815 号

书　名	巴国佛踪——巴南区佛教遗址碑拓辑录（下）
著　者	道坚法师
出　版	四川大学出版社
地　址	成都市一环路南一段24号（610065）
发　行	四川大学出版社
书　号	ISBN 978－7－5614－9578－0
印　刷	四川盛图彩色印刷有限公司
成品尺寸	170 mm×240 mm
印　张	43.5
字　数	584 千字
版　次	2018 年 7 月第 1 版
印　次	2018 年 7 月第 1 次印刷
定　价	120.00 元

◆读者邮购本书，请与本社发行科联系。
　电话:(028)85408408/(028)85401670/
　(028)85408023　邮政编码:610065
◆本社图书如有印装质量问题，请
　寄回出版社调换。
◆网址:http://www.scupress.net

华岩文丛缘起

　　中国佛教有三个优良传统，一是农禅并重，二是注重学术研究，三是注重国际友好交流。这三个传统是中国佛教徒在两千年来从事佛教事业的活动中，经过长期的探索和实践后创造和发展起来的。其中注重学术研究与文化教育事业，是佛教发展的最主要的动力之一。佛教传入中国以后，受到了以士大夫为首的一些佛教徒的重视，刻苦钻研佛教的教义理论成为他们一生的事业；在佛教界内部，一大批有学识、有思想、有独立创见的僧人在不断地研讨佛教教义，或翻译著述，或讲经说法。如果没有魏晋南北朝时期的佛学繁荣，就不会出现隋唐佛教民族化的宗派，我们所熟悉的历史上对佛教学术文化有卓越贡献的道安法师、慧远法师、宗密法师以及各个宗派的创始人，如天台宗智者大师、华严宗法藏法师、律宗的道宣法师、法相宗的玄奘法师等都是热心于佛教学术的中国文化巨人。禅宗被佛教史认为是不立文字、直指人心的宗派，但是就是这个派别的祖师造出的语录和文字最多。正是由于有了这样一批热爱佛教事业的先辈，才使佛教的思想日益深入人心，才能对中国传统思想文化产生全面影响，最终与儒家和道教鼎立而三，成为中国文化传承不可缺少的组成部分。

一

　　巴渝地区的佛教历史悠久，文化底蕴深厚。兼之处在南方丝绸之路的范围，两晋后，长江中下游地区佛教发展迅速，与水路联系紧密的重庆地区，自然受到这一佛教发展形势的影响。隋唐时代是整个中国佛教的鼎盛时期，巴渝佛教也在这时有了大的变化。在中国佛教史上有过贡献的僧人如玄奘大师、马祖道一等人都来过重庆。玄奘取道重庆到湖北荆州。马祖在渝州从圆律师受戒。巴渝佛教石刻艺术发达，以大足地区为中心的佛教造像，成为重庆佛教的最重要特征，并为以后的佛教发展奠定了基础。大足石刻是巴渝佛教徒自己设计和雕造的佛像，不仅多达数万尊，而且技法成熟，在中国佛教艺术史上具有重要地位。明代，民间流传"上朝峨眉，下朝宝顶"的说法，"峨眉"是佛教四大名山之一，西蜀佛教的重镇。"宝顶"是大足宝顶山石刻，被誉为川东明珠。明末清初，破山海明从浙江天童寺回重庆以后，在梁平双桂堂高树法幢，巴渝佛教开始出现新的气象，进而在全国各地产生了影响。近现代，重庆佛教一直活跃在中国佛教界，特别是在 20 世纪上半叶，因受抗日战争的影响，这里曾经一度成为全国佛教的中心，以太虚大师为首的一大批高僧在重庆引领了全国的佛教事业。1997 年，原来属于四川的重庆市升格为直辖市。现在，重庆佛教已经在全国佛教界中占有了重要的位置。

具有丰富资源的重庆佛教，本应该是学者能够充分利用的资粮，但是到现在为止，严格地说，我们对重庆佛教的研究还没有形成一个气候。从2005 年重庆佛教文化节期间举行的"华岩佛教文化论坛"学者提交的文章可以看出，只有少数几篇文章是谈论重庆佛教的。而且谈论的重点还是当代的佛教，重庆古代佛教基本上没有涉及。虽然大足石刻博物馆的研究人员在研究大足佛教时，联系重庆佛教的历史与艺术，写出不少的文章与专著，但是这些文章的成果主要是集中在佛教艺术与石窟研究的领域，对重庆佛教的历史与思想，以及人物等研究，还没有全部展开。与当今全国每年都有数千篇研究文章发表，数百本佛教专著出版的形势相比，对重庆佛教的研究成果真可谓寥若晨星，这与重庆作为一个直辖市，一个人口大市的情况是不相称的，应该尽快改观。

研究重庆佛教的意义在于，首先，重庆是我国地域大、人口多的城市之一，对于这么重要的一个城市，佛教肯定在这一地区发挥了应有的作用，研究重庆佛教，就是想说明重庆佛教的历史与文化现象，展现重庆佛教的风采，为重庆佛教在历史和当今所起的重要作用，也为重庆佛教在中国佛教的格局中所处的地位作一个说明。其次，重庆佛教的内涵丰富，资源众多，研究重庆佛教，是研究重庆地方文化现象最重要的内容之一。重庆的文化有自己的特点，重庆的佛教也具备了自己的特点，充分挖掘重庆佛教的特点，不仅为过去，也为现在与未来的重庆佛教发展，给予一个合理的定位。再次，研究重庆佛教是促进重庆的经济与旅游，以及文化事业发展的最好途径之一，重庆佛教有很多可以利用的资源，像双桂堂、华岩寺、汉藏教理院等都是对中国佛教做出贡献的重要寺院，在佛教史上也值得浓重写上一笔。整理这些寺庙的历史与文化，发掘它们的内涵，不仅可以直接为重庆发展做贡献，而且也可以推动佛教界自身的进步，开拓双赢的局面。最后，研究重庆佛教是重庆佛教界自身发展的需要。重庆有众多的佛教徒，通过研究重庆佛教，让重庆的佛教徒了解重庆佛教的贡献，促使他们更加关心和热爱重庆佛教，为重庆佛教的可持续发展，打下良好的基础。

二

重庆华岩寺，因寺南侧有一华岩洞而得名。民间传说古洞中石髓下滴成水花，故称华岩，或曰清初僧人圣可挂锡于此，夜梦五色莲花大如车轮，因有华岩之名。明清两代历有修建。华岩寺岩高百丈，形状如笏，雄伟壮观。环寺岗峦起伏，群山绵延，又有天池夜月、曲水流霞、万岭松涛等八景。全寺由大老山的大雄宝殿、接引殿和华岩洞三部分组成，建筑总面积近万平方米，寺院占地70余亩，有房300余间。殿阁巍峨，山水依傍，茂林修竹，泉水潺潺，被誉为巴山灵境、川东第一名刹，为国家重点文物保护单位。寺里留存清人圣可、龚晴皋及赵熙等人题写的匾额和碑石多块。

华岩寺自创建以后，一直把办文化教育事业作为寺院的主要任务之一。开山祖师圣可大师，受乃师破山海明的影响，重视佛教教育与文化的建设。[①] 他曾经撰写了《禅林宝训顺硃》一书，以宋宗杲、竹庵所编《禅林宝训》为蓝本，对其顺硃填墨，进行知识性与思想性的疏释，以之作为当时僧伽教育的教材，援易儒道以正面开示禅道，强调长老、住持以至学道僧人以悟道修德为大体和根本。圣可认为，丛林乃悟道修德之所。"同建法化，互相酬唱，令法久住"，"共同建立法幢，兴隆教化。或抑或扬，互相酬唱。令诸佛法，久住世间"。丛林乃薰化圣凡之场。"所谓丛林者，是何说也？乃是陶铸凡愚，以成圣哲。抚养鞠育人才美器之地。教令法化，咸由兹出。"僧才的使命乃"克绍洪规，如当家种草"。德玉释之曰："种草言继业。好人为好种草，犹好田出好种草也。""能续大法洪规，为担当佛祖家业的好种草。"此乃昌盛门庭、丕振僧教之肯綮。对丛林僧才的诠选，圣可诠释说："罗致收拾东西南北英灵俊秀衲子，随顺其器具量度，或浅或深，并才力性情，有能无能，开发而选用之。"广揽四方英俊衲子，开发以行道。关于教化的对

---

① 圣可法师的佛教教育思想取自刘泽亮教授《〈禅林宝训顺硃〉与现代僧伽教育》一文，载《重庆华岩佛教文化论坛论文集》，重庆华岩寺，2005年12月。

象，他指出"凡一切人之性情，本无一定可守，随人教化而改移"。所谓"衲子无贤愚，在宗师诱致"。关于丛林教学方法，他说"道尊然后人知敬学"，教人"时时刻刻，以戒忍为墙篱，定慧为甲胄，常自防卫"。以"感动于人"、"感服于人"、"衲子无贤愚，在宗师诱致"，因材施教、观机说法。《顺硃》非常注重悟道修德的首要地位。"道德乃丛林之本，衲子乃道德之本。""空无作无相之道，布施爱语利同之德，乃丛林之根本。英人哲士，又乃道德之根本。""丛林保护衲子，衲子保护道德，两相保也。主法人讵可无三脱、四摄之道德耶？无则丛林必废无疑矣。"《顺硃》对悟道修德的谆谆劝导，仍然对现代丛林培育僧德、僧格具有重要的借鉴意义。在现代丛林教育中，应当成为现代僧人涵养德性、磨砺人格的龟鉴，可以成为现代僧人日弦夜诵、精进励行的范本。

圣可圆寂 200 年后，中国社会进入了民国时期，华岩寺经过了不少磨难，到了觉初和尚任方丈的时候，寺院开始有了起色。觉初和尚是一位致力于推动佛教教育与文化的僧人。他毕业于四川法政学校，因念世乱将兴，人生虚幻，遂入佛门。觉初研精教律，兼修禅观，慨佛法凌夷，僧徒失学，昏歧无灯，曾经在成都文殊院创办佛教小学。又东渡日本，考察佛教。他被推任华岩寺方丈后，先后八年传戒七期，倡议发起创办汉藏教理院，办川东联合佛教会，创川东联合佛教中学部，为失学的青年僧人提供扫盲教育。觉初和尚将一生的心力全部投入佛教教育之中，认为教育不力，佛教不兴，所以他不仅办教育，而且还做文化。当时在寺庙里面设立了刻经处，雕版刻经，印刷流通，华岩寺的刻经享誉西南地区。可惜的是，觉初和尚因操劳过度，过早地离开了尘世。

觉初办佛教教育与文化的遗志是由宗镜来完成的。宗镜大和尚曾在宁波观宗法社从谛闲和尚学习天台教义，又应宁波七塔报恩佛学院之聘，教养学僧。1932 年，原设在报恩寺的川东佛教联合中学部，迁移华岩寺，改组天台教理院，宗镜曾经在教理院任教授。1935 年 8 月，宗镜被推任华岩、报恩两寺住持，极力求教理院之发展，1937 年将教理院改为华岩寺佛学院，[①]还得到了著名学者王恩洋先生的支持。宗镜礼请王恩洋先生来寺讲经，"商将本寺佛教小学堂扩充，改办佛学院，敦聘大德讲授，更辅以本寺诸师和合共事，敢信其必有成也"。认为"以丛林之基础，建法王之胜幢，五年十年，

---

① 《华岩寺志》卷二"新修佛学院讲堂记"，重庆华岩寺本，第 26 页。

乃至百年，务期学风淳厚，教义丕扬"。① 所以宗镜和尚主寺以后，做了两件大事，一件是力提僧纲，严肃威仪。二是创办了华岩佛学院。华岩寺得以中兴。人称："故华岩自圣可师开山后，丈席之任代有薪传，至宗镜上人来寺住持，革故鼎新，振聋发聩，肃僧纲严，戒律宗风为之一振。复建立佛学院，显扬圣教，利益有情，时人号中兴焉。"② 自宗镜大和尚之后，经过半个多世纪的风风雨雨，华岩寺再度迎来了黄金时期。1993 年，华岩寺住持心月法师组建了三年制的中专僧伽学校。1995 年，重庆佛学院由罗汉寺迁入华岩寺，与僧伽学校合并，是年 9 月 1 日，正式命名为"重庆佛学院"。惟贤法师与心月法师分别任正、副院长。2004 年 12 月，重庆佛学院经国家宗教事务局批准，成为西南地区一所高级佛学院。惟贤法师任院长，道坚法师任副院长。2005 年 5 月，重庆佛学院举行了隆重的成立授牌仪式。重庆佛学院以"戒、定、慧"三学为纲，以"智、行、悲、愿"为院训，坚持"学修一体化、生活丛林化、管理科学化"的办学方针，旨在培养爱国爱教、弘法利生、解行并重、德才兼备的现代僧才。该院的学制为：预科二年制；本科二年制。现有法师、讲师总计 32 名，尼众法师 13 名，聘请社会其他大学兼职教授 9 名。现已毕业六届学僧，共计 300 多名，分赴各地寺院管理，或佛学院任教，各地佛教协会任职，更有不少优秀学员到北京等地继续求学深造，或到各地弘扬佛法。佛学院现有弘法楼、觉初图书馆，收藏各种书籍18000 多册，建造了教师楼、学生宿舍等。重庆佛学院还于 2005 年 12 月举办了以佛教教育为主题的"重庆华岩佛教文化论坛"学术讨论会，来自全国各地的佛教学者 60 余人参加了会议，提交论文 45 篇，收入《重庆华岩佛教文化论坛论文集》。

三

现在，我们已经进入 21 世纪。新世纪的佛教文化和佛学研究事业，仍然是佛教界和学术界文化建设的重点，也是各个寺院建设的重点工作之一。寺院将成为发展佛教文化和学术研究的主要力量，对佛教文化和学术研究的工作投入更多的资金和人力，寺院经济的发达与佛教学术文化的发展呈一致的趋势。华岩寺将一如既往地坚持祖师大德前贤办教育与佛教文化的传统，

---

① 《华岩寺志》卷三"华岩佛学院缘起旨趣书"，重庆华岩寺本，第 42 页。
② 《华岩寺志·序》。

为此倡议出版发行"华岩文丛"。这套丛书的落脚点在西南地区的佛教，重点是扶持重庆佛教文化与学术研究的事业，此外还兼顾其他与佛教内容有关的著作，最终形成出版多层次、内容广泛、有影响的佛教著作文丛。

我国有悠久的历史文明，宗教文明是传统文化的一个重要的内容，特别是作为社会道德组成部分之一的宗教道德里的催人向善、热爱和平、反对暴力的基本价值观，是我们今天仍然要提倡与弘扬和发展的伦理思想。

"华岩文丛"的编纂与出版，是重庆佛教界的一件文化大事，我们热切希望佛教界和学术界人士关注重庆佛教，研究佛教的历史文化，研究当代佛教，并将你们的研究成果交给"文丛"发表，让重庆佛教的百花园散发芬芳，提升重庆佛教文化的品位。

是为记。

释道坚

于重庆华岩寺方丈室

2006 年 12 月 15 日

目　录

巴廉寺

一、寺院概况

巴廉寺，位于巴南区安澜镇巴联村 4 社，始建年代不详，清道光年间重修。寺址坐南向北，后靠松林奎岗，左邻土寨子岗，右接黄草坪，前可远眺圣灯山。寺院为四合院布局，砖木结构，占地约 1800 平方米，规模宏大。村民杨得永回忆，寺院以前有三重院落，从北向南依次有山门殿、天王殿、大雄宝殿、川主殿等殿堂。寺周古木参天，浓荫蔽日，古刹就掩映在这深荫翳日的树林之中。寺院在鼎盛时期有寺僧 5 人住锡，每年要收田租 180 多石，有 3 处脚庙。约在 1920 年，因兴起"庙产兴学"运动，巴县城乡各庙都与倡议办学的乡绅达成协议，签署《庙捐章程》，并在巴县县城设立有僧会总局，负责每年向各庙提取办学经费，庙产由僧会统一管理。僧会将巴县境内的寺庙分为 10 单（10 个片区），每单设僧总 1 人负责征收。而在巴廉寺所属的片区，有劣绅觊觎巴廉寺庙产，借机生事，勒索寺庙。而巴廉寺认为被提取的办学款额实在过高，难以承受，一直不同意缴纳此款。后来寺庙就通过自办僧徒小学堂来积极地应对困境，招收了附近各村 120 多名学童讲授"新学"。因办学声名在外，当时的"巴县政府"还给寺院颁发牌匾一块以资嘉励。

20 世纪 50 年代，"破四旧、立四新"运动兴起，寺僧被迫还俗。寺中佛像、法器、经卷等珍贵文物也悉数被毁。寺院北侧有山冈原名"佛子湾"，为历代寺院高僧涅槃之地，在"文化大革命"中遭到毁灭性的破坏。当时有一座僧墓被掘开时，曾发现有一具高僧肉身，保存完好，面目如生，发须皆存，呈跏趺状坐于瓷缸之中，就像仍在禅定之中，后被村民弃之于荒野而毁坏。寺宇建筑仍作为学校（南龙中学）使用，经几十年的改扩建，原寺院建筑格局踪影全无，现在学校东侧围墙底部还有石柱一截，上刻"道光十八年住持寂宗重修"字样。教学楼下,原下殿位置处,现还存有石屏风1幅、石狮残件1对以及石柱础等文物。

二、遗址概况

巴廉寺遗址坐东向西,海拔637米,东经106°36′16″,北纬29°9′30″。遗址地表现状为现代砖混结构校舍,原建筑格局已不存。发现有石狮、石屏风、题刻、浮雕佛像、石柱础等,根据雕刻工艺及内容判断,应为清代遗物。

1. 石狮

位于校舍下石阶上,头部已缺,仅存身躯,狮座一体,残高0.67米。

2. 石屏风

位于校舍旁,高1.85米,宽3.42米。屏风底座为条石垒砌,壁身在条石上开龛,采用浮雕、透雕与阴线刻结合,雕有释迦说法图等。释迦佛头有肉髻,面部饱满,着通肩袈裟,后有火焰纹背光,结跏趺坐于仰覆莲瓣上,下置方形须弥座,弟子分列两旁。整座屏风构图饱满,刻琢精致。

3. 浮雕神像

位于校舍一楼室内,长0.76米,宽0.75米,厚0.43米。青石质,单面开龛。采用浮雕与阴刻结合,雕有神像4人。均身着铠甲,足蹬战靴,手持圭板,体转向一侧。整体造像面相丰圆,身躯健壮,神态威武沉稳,造型圆实敦厚,雕刻风格粗犷质朴。

4. 题刻

位于校舍南侧围墙底部,长1.74米,宽0.26米,被砌筑于围墙中,铭文有"道光十八年住持寂宗重修"字样。

5. 石柱础

位于校舍下石阶旁,为两层垒叠而成,下层为方形,上层为圆鼓形。通高0.41米,直径0.37米。

巴廉寺石雕屏风造像局部

巴廉寺石雕屏风造像局部

巴廉寺远眺

巴廉寺遗址

巴廉寺石雕屏风

巴廉寺石狮残件

巴廉寺石雕

巴廉寺石雕佛像局部

巴廉寺石碑

巴廉寺碑文

题刻"道光十八年住持寂宗重修"拓片

观音庙

一、寺院概况

观音庙，位于巴南区安澜镇石油沟村 11 社，始建年代不详。寺址坐西向东，位于飞仙岩山顶，面向老鹰岩，右邻观音山，可远眺圣灯山。飞仙岩山势陡峻，到山顶庙址，须从山的东面而上，村民依山凿了一条石梯便道，长约 200 米，宽不到 1 米，道路两边是悬崖，崖直垂下，高约 70 米，甚是险要。峰顶基岩裸露，巨石平阔，周围群峰攒簇，四季交翠，清静凉爽。据村民回忆，寺院为四合院布局，木质建筑，分上下殿。新中国成立前有觋师潘文华住庙，殿内有石雕佛像 50 多尊。上殿里供有一尊"大仙菩萨"，高约 4 米，相传是在飞仙岩修炼得道的仙人。传说很久以前，"大仙"在飞仙岩日夜苦修，佛经已是了然于胸，倒背如流，可还是没能修成正果。遂常在山中采摘草药为百姓诊治，不取分文，以累积阴德。他在附近山林里种有红薯，作为一年的口粮，可在要收获的季节却总被野猪吃个精光。"大仙"心中恼怒，便日夜提火铳蹲在地头守候。几日后，野猪果然再次造访，"大仙"便提火铳瞄准，野猪机灵，径直往山顶冲去，"大仙"赶忙追赶。至山顶不见猎物，却见一老婆婆持杖微笑，便趋前询问野猪去向，老婆婆沉默良久后，只说了一句："上天有好生之德！"说完不见踪影。"大仙"沉默良久，觉得不该轻易就起杀心，遂纵身从飞仙岩跃下。哪想却被两龙捧住，又见那老婆婆已经站在了云头上。原来她是观音菩萨变化的，是最后来试他的道心的。经此磨难，"大仙"终于修得正果。后人为纪念他，在山顶建庙并塑"大仙"神像供奉。新中国成立前，在每年的农历"八月初六"——传为"大仙"的得道日，乡民要办庙会，并要抬"大仙"牌位去各村巡游。四方善信前来朝拜，香火鼎盛，络绎不绝，场面热闹。

20 世纪 50 年代寺院被毁，佛像被推下山崖，1993 年当地信众募资，在山顶重修殿堂，并将残存的佛像背上山顶供奉。

二、遗址概况

观音阁遗址坐西朝东，海拔 572 米，东经 106°25′11″，北纬 29°32′26″。寺址平面呈长方形，东西长约 36 米，南北宽约 21 米。该遗址因废弃后多年破落，原寺庙的建筑基址、格局不存，地表现状为荒草和灌木覆盖，仅发现有佛像残件 3 尊，编号 D1：1、D1：2、D1：3，石柱础 1 件，编号 D1：4，木匾 2 块，编号 M1：1、M1：2。

D1：1，佛像残，头部缺失，呈坐姿于台座之上。披肩巾，外着偏袒右肩长袍，袍长覆足，足蹬平履，露出鞋尖。可见右臂戴护臂甲，腰间系带，双臂于体侧下垂，双手放于腿上，掌指向前。残高 0.83 米，宽 0.38 米。

D1：2，佛像残，仅存身躯，披肩巾，外着偏袒右肩长袍，右腿部可见有护腿甲，甲上配饰兽面，形貌狰狞。残高 0.63 米，宽 0.46 米。

D1：3，佛像残，头部缺失，呈结跏趺坐于单层仰瓣莲座之上，右足在上。肩披帔帛，袒胸，胸部可见横向衣缘；双臂于体侧下垂，右手风化，左手残缺，持如意。残高 0.73 米，宽 0.36 米。

D1：4，为石柱础，由两层垒砌而成，下层为方形，上层为圆鼓形，通高 0.41 米，直径 0.32 米。

M1：1，木匾为柏木所制，长 1.20 米，宽 0.37 米，厚 0.03 米。阴刻楷书"慈航普渡"，表面已残缺不全。

M1：2，木匾为柏木所制，长 0.92 米，宽 0.27 米，厚 0.03 米，浮雕花卉、盆景、香炉等物。雕刻造型古朴，线条流畅自然。

观音庙石雕佛像残件

观音庙木雕残件

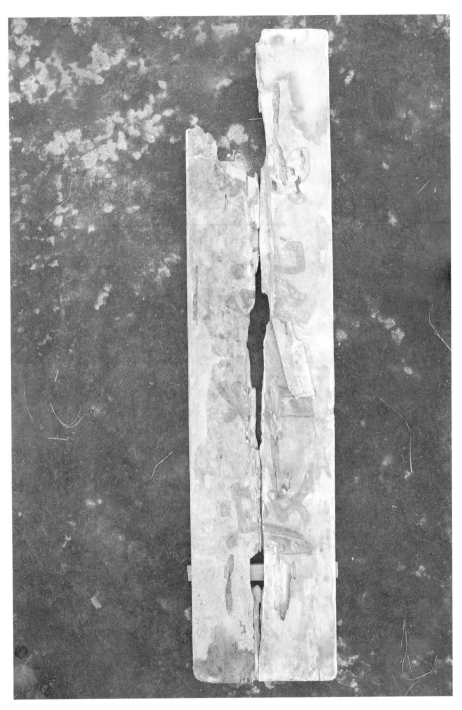

观音庙木雕残件

观音庙石柱础

观音庙遗址

观音庙远眺

观音庙石雕观音像残件

观音庙石雕佛像残件

观音寺

一、寺院概况

观音寺，位于巴南区安澜镇永寿村8社，始建年代不详。寺址位于观音寺冈顶，坐东朝西，旧为四合院布局，土木结构建筑，占地约1200平方米。观音寺冈高不过数百米，满山翠柏交映，清静凉爽。山顶地平如镜，稻田水塘点缀其间，举目四望，农家院落、田园风光尽收眼底，令人心旷神怡。寺院位于山顶西侧空旷地处，自建成以来，香火鼎盛。据说供奉的观音菩萨曾经显圣救人，故来此朝拜的信众络绎不绝。据乡中传说，以前山下有户人家，有一个一岁多的娃儿得了重病，整天哭哭啼啼水米不进，花钱请了几个郎中来医治，也不见好转。有天晚上，来了一个老太婆，在门口讨饭，夫妻俩心善，就舀了一碗米饭给她。老太婆吃完后也不急着走，对这夫妻俩说道："你家娃儿得的是痢疾，我有一颗药丸，吃后会好的。"听她一说，夫妻俩感激不尽，要留老太婆住宿。老太婆不肯，说："我就住在山上，近着呢。"此时，天已下起了绵绵细雨，老太婆随手拿起这家人的斗笠就走了。吃了这位好心婆婆的药丸，小孩儿当晚就痊愈了。第二天，夫妻俩去山上找这位老人家谢恩，路过寺院时，进去歇息，却发现大殿里观音菩萨的头上还戴着他家的斗笠，这才恍然大悟，原来是观音菩萨显圣救了娃儿的命。观音菩萨显圣的事迹四处传开，从各处来朝拜的香客更多，寺院香火日盛，深得四方信众敬仰和护持。

据村民鞠树云回忆，寺院在鼎盛时期，有寺僧10余人住锡，殿宇40几间，庙产田地、山林上百亩，为安澜圆通寺的脚庙。旧有山门、川主殿、大雄宝殿、玉皇楼等建筑。川主殿供有木身川主菩萨，大雄宝殿奉有佛爷（释迦佛），十八罗汉分列两边，玉皇殿供奉玉皇、孔子等神像。在20世纪40年代，寺院还有寺僧人6人住锡，当家和尚俗名阮汉青，为丰都人氏。庙里的田地东至马口垭，西至新屋基，南至清台坎，北至岩壁轮为界。每年要收租谷百多担，和佃户四六分成。

20 世纪 50 年代，全国兴起减租退押分田分地。庙产被没收，寺院被改为村小学。

二、遗址概况

观音寺遗址坐东朝西，海拔 687.3 米，东经 106°35′10″，北纬 29°13′53″。遗址平面呈长方形，东西长约 38 米，南北宽约 32 米，占地约 1216 平方米。原寺院建筑在 20 世纪 80 年代被拆毁，遗址由山门、川主殿基址、大雄宝殿基址、玉皇殿基址等组成。

1. 山门

现仅存门柱，上有联，阴刻楷书："威镇南天泽遗东土；功高北阙德播西川。"

2. 川主殿基址

东西长约 9 米，南北宽约 13 米，殿内地面已被破坏，仅存南墙基槽和底部三合土基。

3. 大雄宝殿基址

东西长约 12 米，南北残宽约 15～18 米，平面呈长方形，现存南墙、西墙基槽。

4. 玉皇殿基址

东西长约 9.5 米，南北宽约 16 米，南北隔墙嵌砌有石碑，黄砂岩质，高 1.2 米，宽 2.6 米。碑身已被乡民凿上文字，原碑文已漫漶不可辩识，仅余"天顺六年……住持僧□珍"字样。

观音寺山门遗址

观音寺山门

观音寺遗址

观音寺题刻残迹

观音寺题刻局部

观音寺山门

观音寺山门远景

观音寺外景

红　庙

一、寺院概况

红庙，位于巴南区安澜镇平滩村 4 社，始建年代不详。寺院坐西向东，位于烂泥埂山脚，左接盘塘湾，右邻杨柳山。寺院建筑为四合院布局，木质结构建筑，占地约 1500 平方米。据村民讲述，因以前寺院建筑黄瓦红墙，颜色鲜艳，在青山绿水间十分耀眼，故称为"红庙"。原有前殿、大殿、玉皇楼和僧舍等 48 间房屋。整座殿宇深广、气势恢宏，殿内佛像庄严、金碧辉煌。前殿正面为弥勒佛，背面为韦驮护法天尊，东西两侧为四大天王。前殿中殿之间为天井，天井中有一只高 3 米多的铁香炉。中殿东西两侧配殿供奉川主菩萨、文昌帝君。中殿为大雄宝殿。"大雄宝殿"匾额据传为巴蜀才子龚晴皋题写，字体圆润饱满、遒劲有力。大雄宝殿里佛台上供奉西方三圣像，释迦佛居中，背面为手持净瓶的观音菩萨。大雄宝殿与玉皇楼中间为天井，地面用青石平铺，天井中间原先植有两株合抱的桂花树，树冠荫及两侧配殿。每到丹桂飘香的季节，空气中浸润着甜甜的桂花香味，几里之外，就能闻到香气。寺院自建成以来，吸引着四面八方的香客信士到此游览朝拜。每逢香会期间，善男信女朝山进香者不绝于途，以致路堵河塞。寺中香烟缭绕，梵音如潮，为闻名安澜的一大名刹。至新中国成立初期，尚有寺僧 3 人、鬼师 1 人，每年会期不断。

解放初期，寺僧陆续还俗在村中定居。"文化大革命"中佛像被毁，经卷被焚，建筑被夷为平地。乡民将寺址开垦为耕地。20 世纪 90 年代初，有乡间信众于田间掘出佛像三尊，置于寺院旧址供奉。

二、遗址概况

红庙遗址位于烂泥埂山脚，海拔 526 米，东经 $106°34'3''$，北纬 $29°12'53''$。

寺址坐西向东，平面呈长方形，原主要建筑分布在一条东西中轴线上，地表现状为开垦好的耕地。在寺址南侧残留有台基遗迹，长约 18 米，高 1.24 米，用加工规整的条石垒砌。寺址东侧台基遗迹长约 7.8 米，高 1.35 米，东北侧残存四级台阶，由下往上依次为：第一级台阶宽 0.62 米，高 0.2 米；第二级台阶宽 0.71 米，高 0.2 米；第三级台阶宽 0.8 米，高 0.22 米；第四级台阶宽 0.75 米，高 0.25 米。两侧垂带石已被破坏。

发现有佛像残件 3 尊，位于寺址南侧台基顶端，面南而放，青石质，圆雕，位置均已移动，编号 D1：1、D1：2、D1：3。

D1：1，头部缺失，残高 0.86 米，上着双领下垂式袈裟，肩披帔帛，下着裙，呈结跏趺坐于方形台座之上，台座纹饰已漫漶不可辨识。

D1：2，残存佛像下部，残高 0.64 米，呈坐姿于方形台座之上。

D1：3，残高 0.72 米，呈坐姿于方形台座之上，两臂于体侧屈肘，合于胸前，手中似持物，可见广袖于身体两侧下垂。佛像表面风化严重，纹饰漫漶不堪。

红庙佛像残件

红庙佛像残件

红庙佛像残件

红庙佛像残件

红庙遗址

红庙遗址

红庙基址

九龙寺

一、寺院概况

九龙寺，又名九龙庙，位于巴南区安澜镇石板垭村6社，始建年代不详。寺址坐南朝北，位于九龙冈上，后靠九丈塘山，左邻黄桷坪，右接土坝冈，远眺群山连绵，气象万千。传说旧有高僧目相地貌，从石冈的石龙山脉一直走到九龙冈上，找到了结穴之处，并在山脉的龙头部位建寺住锡。经过历代高僧不断修缮，改扩重建，形成了规模，鼎盛一时。据村民文显福回忆，寺院为四合院布局，木质建筑。从北到南有山门、钟鼓楼、财神殿、大雄宝殿、禅堂和川主殿等建筑。川主殿供有一尊高约3米的木身川主神像，鎏金溢彩。山门后还有戏楼，庙内正殿前有铁制灯杆高耸，每夜寺僧都要将油灯点亮升到竿顶，据说凡能见灯光之处，皆能四时吉祥。庙内还有斋堂、客堂和寮房等杂务房，有丰盛人氏余柄秋等3人在此住锡。

20世纪50年代寺院被改为学校，寺僧被迫还俗，但一直在寺址居住，直到圆寂。"文化大革命"中，佛像、法器等悉数被毁，庙宇被村民占为民居。1993年，因村民用电不慎，引发大火，古建筑在大火中化为灰烬。

二、遗址概况

九龙寺遗址坐南朝北，海拔327米，东经106°35′27″，北纬29°16′22″。寺址已被现代民居所覆盖，原建筑格局已不存。寺址北部约200米处山冈下，发现有佛像残件9尊，石柱础2件，根据雕刻工艺判断，应为清代遗物。编号D1：1、D1：2、D1：3、D1：4、D1：5、D1：6、D1：7、D1：8、D1：9、D1：10、D1：11。

D1：1，佛像残存上身，颈部有水泥接痕，青石质，圆雕。头顶部位有残缺痕迹，疑为圆形发髻；肩披帔帛，胸部可见裙缘，系带；广额丰颐，形貌俊秀端庄，垂眸作沉思状，神情怡静。造型写实，比例匀称，衣纹概括洗练，不枝不蔓。残高 0.65 米，宽 0.48 米。

D1：2，佛像残存双腿部，青石质，圆雕。结跏趺坐于台座之上，台座残缺。双手于腿上重叠结印，右上左下，手部风化，广袖于手腕处外翻。残高 0.59 米，宽 0.47 米。

D1：3，佛像残存双腿部，青石质，圆雕。结跏趺坐于仰覆莲瓣之上，右足在上，莲瓣宽厚；腿部衣纹阴刻弧线纹，悬裳覆座，中间下垂成 Λ 字形；双手于腿上重叠结印，右上左下，手部风化。残高 0.60 米，宽 0.48 米。

D1：4，佛像残，着长袍，胸前系带，腿部可见甲胄。残高 0.54 米，宽 0.42 米。

D1：5，佛像残，头部、膝部缺失，呈坐姿于台座之上。着长袍，腰束护腹，下垂大带；左手疑似于左膝上抱一孩童，孩童像残缺，仅存右手及右腿，右手扶于膝上，掌心向下。残高 0.78 米，宽 0.42 米。

D1：6，佛像残，为山王造像，头部、臂部、坐骑头部均残缺。呈坐姿于坐骑之上（猛虎），身着铠甲，胸前系带，有护心镜。左足上跨放于坐骑头部，右足着地。右臂上举，左臂环于胸前，前臂缺。造像虽残缺，但动态夸张，孔武有力。残高 1.21 米，宽 0.62 米。

D1：7，佛像残，头部、手部均缺。身着长袍呈坐姿于方形台座之上，表面风化，残高 1.1 米，宽 0.47 米。

D1：8，佛像残，头部缺。身着圆领广袖长袍，腰间系带，呈坐姿于方形台座之上，左手扶于膝上，掌心向下，右手于右腰处执于带。残高 1.2 米，宽 0.46 米。

D1：9，佛像残，头部缺，仅存上身（头部为村民于他处掘出安放于佛身上），衣领下垂，肩披帔帛，胸部可见裙缘，系带。残高 0.51 米，宽 0.43 米。

D1：10，为石柱础，两层垒叠而成，下层为六边形，上层为葫芦形。通高 0.52 米，宽 0.41 米。

D1：11，为石柱础，三层垒叠而成，下层为方形，中部为六边形，上层为圆鼓形。通高 0.48 米，直径 0.34 米。

九龙寺石柱础

九龙寺石柱础残件

九龙寺佛像残件

九龙寺佛像残件

九龙寺佛像残件

九龙寺佛像残件

九龙寺佛像残件

九龙寺佛像残件

巴国佛踪
——巴南区佛教遗址碑拓辑录(下)

九龙寺佛像残件

九龙寺佛像残件

九龙寺佛像残件

九龙寺石雕水槽

九龙寺佛像残件

李家庙

一、寺院概况

李家庙，又名李氏祠堂，位于巴南区安澜镇巴廉村 14 社，始建年代不详。寺庙坐北朝南，三合院布局，土木结构建筑，由正殿及厢房构成。正殿供奉木雕的许真君和观音菩萨像，神像下供有李氏先祖的牌位，厢房为龛师居室及灶房。李家庙原为本土富绅李氏宗祠。据村民李太生讲述，李氏远祖在明末清初时由江西南昌迁入贵州，后又率家人由黔入蜀，在重庆府巴县廉里二甲土岩子落户，在此繁衍生息，成为当地的大家族，并建宗祠供奉菩萨神像和祖先牌位。据考证，明末清初 30 年间，四川境内战乱频繁，加上灾荒、瘟疫不断，造成四川人口急剧减少，清初时只剩 50 多万人。《巴县志》记载，康熙中期，重庆城（现朝天门到七星冈通远门一带）只剩下不到一百户人，整个大重庆当时仅剩十万人左右。为此，当时从中央到地方各级官府都采取了一系列措施吸引外地移民。

从清朝顺治间到嘉庆初年，历时 130 多年的大规模移民，在历史上被称为"湖广填四川"。到嘉庆十七年时，大重庆人口就超过 300 多万，其中 2/3 都是移民及移民后代。这些迁往重庆的移民，大多来自湖北、湖南、福建、江西和广东。据民国《巴县志》记载，"自晚明献乱，而土著为之一空，外来者什九皆湖广人"。在这些移民中，有的应诏入川，有的避难入川，有的风闻巴蜀沃野千里慕名入川，有的是被强制入川，有的前有亲人入川，至此插占为业，站稳脚跟后，返乡携其他亲属入川。重庆府所辖州县，多数位于长江沿线，故成为"湖广填四川"外来移民的第一站。移民在这些地方安定之后，有的再逐步向川北、川西、川南扩散，即所谓二次移民。李氏先祖在清初带领家人背井离乡，从江西南昌丰城县出发，历时半年，经过怀化、铜仁、遵义、酉阳、涪陵，一路走走停停，途中还要翻越秦岭、大巴山、武陵山、大娄山等无数险峻的山脉，最后选择在巴县廉里二甲土岩子落地生根。迁徙路途遥远，历经千难万苦，途中之艰辛，流离之苦楚，是难以言喻的。他们在当地白手起家，垦荒种植，繁衍后代，在站稳脚跟后，在当地建祠立堂，让后人记住这一段历史。后李家信仰佛教，改祠堂为寺庙，世代传承不绝。

二、遗址概况

李家庙遗址坐北朝南，海拔 526 米，东经 106°38′18″，北纬 29°10′48″。现存正殿 1 间，穿斗式结构，面阔 10.6 米，进深 6.3 米，台基高 1.3 米，下存 9 级台阶。

发现存有 2 块清代刻字木板，阴刻楷书，长 1.73 米，宽 0.62 米，保存完好。对研究重庆人的来源、重庆的移民史，具有较高的历史价值。

李家庙现存木板雕刻

李家庙遗址

李家庙现存木板雕刻

《重修宗祠序》拓片（一）

一議春秋兩祭務要衣冠整齊不許袒裼入祠與祭

一議每年賑□公益值手一人經理上清下接於秋祭當眾核算

一議母□有飛倫常者不許入祠與祭

一議凡女卑人為奴作妾不顧名分者不許入祠與祭

一議異姓亂宗圖謀產業者不許入祠與祭

一議行為不軌顯有盜跖情弊者不許入祠與祭

一議大事件未經族人品評而私行具控者不許與祭

一議動用器具等件務報值年澤知不許私行借出以致損失

一議母年宜置產業春務出紅銀以助蒸嘗之不足

一議夜中有立志上進耀祖光宗者重獎艷經以昭鼓勵

捐款名臚列於左

左應文世玉必長　永享榮華國泰昌　積祥福厚達君常

高桂輝隆棱茂盛

復元　　寧回　　霧無成義員　　仕榮明　　增榮

　　　　　　　　欣榮明

　　興□　　瑞傑　　□仕榮　　早家義

華溫　　祥□　　發榮　　久集

　　　　　　　　華元

《重修宗祠序》拓片（二）

055

三清寺

一、寺院概况

三清寺，位于巴南区安澜镇巴廉村 8 社，始建年代不详。寺址坐北向南，后靠新屋湾，左邻团山冈，右接秒湾冈。寺院建筑依山取势，掩映在苍松翠竹之中，鸟喧林间，百籁齐响，宛如世外桃源。相传寺院原为道观"三清观"，后为僧人住锡，更名为"三清寺"，经过不断修缮，改扩重建，形成了规模，香火鼎盛一时。[①] 中华人民共和国成立前，曾在寺院出家的彭明生老人，法名通为，现仍健在，居住在南龙场上，已满 80 岁高龄。据其讲述，五岁时即被父亲送入寺院出家，拜僧普林为师，研读经卷。曾听师爷谈过，寺院始建于清咸丰年间。师爷俗名陈炳林，巴县石庙乡人氏，武、医皆通，尤精于接骨之术。

20 世纪 50 年代全国兴起"破四旧，立四新"运动，彭明生老人还俗在村里落户，但仍居住在寺院。1993 年搬迁至南龙场后，寺宇因无人修缮，经风雨侵蚀，仅存的一间殿堂也已摇摇欲坠。

二、遗址概况

三清寺遗址坐北向南，平面呈长方形，南北长约 16 米，东西宽约 21 米，占地约 336 平方米。海拔 511 米，东经 106°37′8″，北纬 29°10′30″。寺庙基址的特点是依地势的高低起伏，先用条石垒砌成平坝，而后在上面建造房屋。基址东侧台基高 2.3 米，西侧台基高 1.9 米。现存殿堂 1 间，位于基址西侧，为穿斗式结构，面阔 11 米，进深 10.1 米，高 6.3 米。

[①] 旧时重庆地区寺庙、宫观中佛、道、民间信仰神祇共祀的现象较为普遍，故本书将此类遗址一并收入，如后文东岳庙、灵宫庙、王皇观等。

遗址北侧约 100 米处山林中，存佛像残件 2 尊，根据雕刻工艺判断，应为清代遗物，编号 D1：1、D1：2。

D1：1，为浅浮雕佛像，长 0.72 米，宽 0.47 米，厚 0.13 米。头部风化，左手高举过头，已残缺，右手于腹前持圆形钵状物。披天衣，在头部后绕过，搭于肩前绕肘、肩，飘于身后。左腿屈膝上抬，右腿屈膝下踩。

D1：2，佛像残缺，仅存上身，残高 0.72 米，肩披帔帛，胸前有饰物，表面风化严重。

三清寺遗址

三清寺佛像残件

三清寺佛像残件

三清寺遗址

三清寺遗址

三清寺遗址

三清寺遗址石雕（局部）

三清寺佛像残件

石竹寺

一、寺院概况

石竹寺，位于巴南区安澜镇巴廉村 6 社，始建于明代万历年间。寺址坐南朝北，四合院布局，砖混土木结构。有天王殿、川主殿、玉皇殿、观音殿等建筑。观音殿里供有木身送子观音，两侧分列文昌帝君、关圣帝君等神像。玉皇殿所奉石雕玉皇像，高约一丈，鎏金溢彩，金碧辉煌。中华人民共和国成立初时还有寺僧 2 人住锡。20 世纪 50 年代，寺僧被逐，寺院建筑为村民强占为民居。建筑经逐年改造，早已面目全非。村民李民华回忆，在 1983 年拆毁上殿时，见脊檩上有文字"大清咸丰八年"，下殿脊檩上文字为"大清咸丰九年"。

二、遗址概况

石竹寺遗址坐南朝北，海拔 619 米，东经 106°37′9″，北纬 29°9′52″。遗址平面呈长方形，南北长约 42 米，东西宽约 29 米，占地约 1218 平方米。由下殿基址、中殿基址及其附属建筑、上殿基址组成。

下殿基址位于遗址最北端，兼作山门，平面呈长方形。建在高 1.2 米的台基上，下存 7 级台阶，南北长约 9 米，东西宽约 15 米，四墙残存基槽，地面用青石板错缝平铺而成。东部存佛像底座 1 件。

中殿基址位于下殿遗址南边，平面呈长方形，通过 3 级台阶与其相连，台基高 0.62 米。基址南北长约 8 米，东西宽约 17 米。中部建有现代土木结构建筑 1 间。台基东侧存檐柱 2 根，顶部被截掉一段，柱间被村民砌以墙面相连。上有铭文依稀可辨。

东配殿面阔 14.5 米，进深 8.8 米，砖混结构，仅存四墙部分墙身，残高约 5.8 米，原建筑屋顶梁架被村民改造后以青瓦覆顶，墙身上部被拆掉一截。西墙下放置有佛像 3 尊，佛像底座 1 件。

西配殿面阔 15 米，进深 10.2 米，仅存四墙，梁架及屋顶现不存。

上殿基址位于遗址南部，平面呈长方形，南北长约 15 米，东西宽约 18 米。地表现为杂草覆盖，东侧存有墙体基槽，南侧存古井 1 口。

发现遗物有僧墓、石花盆、佛像底座、佛像，根据雕刻工艺及造型，判断为明、清遗物。

1. 僧墓

位于石竹寺遗址西部约 80 米处竹林中，为牌楼式石室墓，由牌楼、墓门、墓室三部分组成。残宽 7.3 米，高 1.9 米。

牌楼：三层檐，中部檐顶已坍塌，檐下开龛，阴刻"妙峰秀丽世续传灯"，落款"万历十四年"。

墓门：立面呈长方形，双扇封门，已全部敞开，散落于墓前。

墓室：用加工规整的条石、石板砌筑，共 7 室，东边第一室已坍塌，相邻壁共用。单室呈长方形，宽 0.90 米，高 1.23 米，进深 2.57 米。墓室内散见人骨及瓦砾，未见葬具及随葬品。

2. 石花盆

位于中殿遗址地面，为圆鼓形，高 0.49 米，直径 0.58 米，青石质。

3. 佛像底座

发现有两件，编号 D1：1、D1：2。

D1：1，为须弥坐样式，高 0.85 米，中央方形束腰，有浮雕动物图案；顶起上下端方形浅台，上下端方形浅台分别有浮雕二龙戏珠、祥云图案。表面已风化脱落。根据雕刻工艺判断为清代遗物。

D1：2，为双层仰覆莲瓣样式，长 0.83 米，宽 0.74 米，高 0.62 米。根据雕刻工艺判断为明代遗物。

4. 佛像

位于中殿遗址西墙下，并列 3 尊，编号 D1：3、D1：4、D1：5。

D1：3，佛像残存上身，头及下部缺，圆雕，残高 0.46 米。披条帛，颈下配饰物。

D1：4，佛像头部缺，着圆领长袍，腰系宽带，呈坐姿于方形台座之上，残高 0.58 米。

D1：5，佛像头部缺，着甲衣，腰系带，腹前配饰兽面，形貌狰狞，左脚上抬，呈坐姿于台座之上，台座残缺，不可辨识。

石竹寺明代僧墓铭文（局部）

石竹寺遗址

石竹寺石雕佛台

石竹寺石雕佛像残件

石竹寺石雕莲花座

石竹寺石雕佛像残件

石竹寺石雕佛像残件

石竹寺石雕佛台（局部）

石竹寺石雕佛台

石竹寺残存建筑

石竹寺石柱础

石竹寺石花盆

石竹寺古井

石竹寺明代僧墓

石竹寺明代僧墓

石竹寺僧墓"妙峰秀丽世续传灯"铭文

石竹寺僧墓"妙峰秀丽世续传灯"拓片

塆角寺

一、寺院概况

塆角寺，又名佛灵寺，位于巴南区安澜镇仁流社区土岩村3社，始建年代不详。寺院四周群山环绕，林木苍翠，花香鸟鸣，幽泉涓涓，别有一番天地。寺院旧址即位于这幽深静谧的深山之中。据村民刘德云回忆，寺院为圣灯山云龥寺脚庙。中华人民共和国成立前尚有寺僧1人住锡，俗姓张，不知何方人氏，村民皆称其为"张和尚"。寺有庙地，分布在土岩村的四湾岩、湾草房、走马岗等处，每年要收田租八十多石。旧时常年会期不断，主要有川主会、药王会、牛王会、观音会、秋抱会等。每逢会期，朝拜者甚众，香火旺盛。曾建有山门、大雄宝殿、观音殿、古佛殿、川主殿等建筑。20世纪50年代，寺院被村民占为民居。现遗址还存有石碑2通，均镌刻于清道光九年。碑文分别详述，寺院的木身川主菩萨年久朽坏，募资重刻石身，及乡中信众募资为佛像穿金之事。

二、遗址概况

塆角寺遗址坐南向北，海拔406米，东经106°36′41″，北纬29°13′54″。寺址现已为民居所覆盖，原寺庙的格局不存。发现有寺院基址1处，位于遗址西侧两座民居之间，南北约7.2米，东西8.4米，地面用青石板错缝铺砌。下存2级台阶，宽2.8米，台基高0.5米。寺址东南方约1000米处申基湾岗下，存僧墓1座，为牌楼式石室墓。墓葬通宽7.1米，通高3.38米，一墓三室，已遭盗扰毁坏。左侧八字挡墙尚有铭文可识："一切有为法，如梦幻泡影。如露亦如电，应作如是观。"

左侧墓门接嵌入式墓碑1通，高1.3米，宽0.96米，阴刻楷书："圆寂恩师圆敬之墓，徒通伦、通睿、通顺。"

右侧墓门接嵌入式墓碑 1 通，高 1.3 米，宽 0.96 米，阴刻楷书："圆寂恩师定空之墓，徒圆敬，孙通伦、通睿、通顺。"

中间墓门的封门板被破坏，为双扇封门。

墓顶石额匾阴刻楷书："福地长绵。"

墓前立有石碑 1 通，青石质，碑首半圆形，阴刻楷书如下：

临济正宗第二十五世涅槃恩师上净下远字智明老上人之塔座。

徒定空、定云、定虔，

曾孙通伦、通睿、通顺，

玄孙普护、普佑，

大清同治五年丙寅岁十二月初八日立。

发现有佛像底座 4 件，佛相背光板 1 件，分别采用镂雕、浮雕、阴刻等手法，皆雕刻精细繁复。

发现石碑 2 通，位于寺院基址南侧，石碑为黄砂岩质，碑面风化，碑文基本可识。

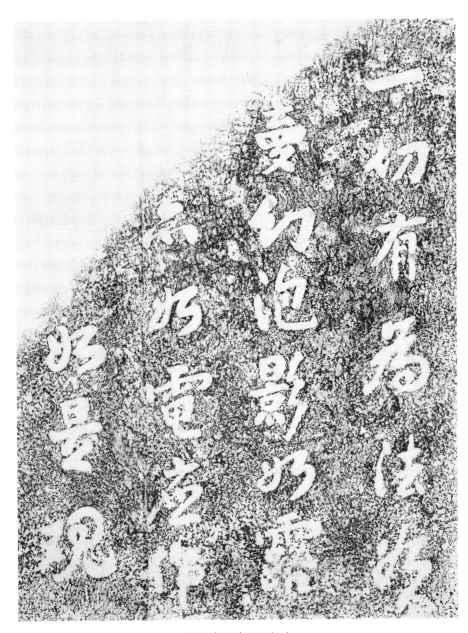

垮角寺僧墓铭文拓片

垮角寺僧墓铭文拓片

垮角寺僧墓铭文

塆角寺僧墓铭文拓片

墙角寺僧墓铭文拓片

僧墓顶石额匾阴刻楷书"福地长绵"

僧墓顶石额匾阴刻楷书"福地长绵"拓片

塆角寺僧墓碑

墁角寺僧墓铭文拓片

墁角寺石雕残件

墁角寺石雕残件

垮角寺石雕残件

塄角寺石雕残件

墙角寺殿堂旧址

墙角寺石雕佛台

墙角寺石雕佛台

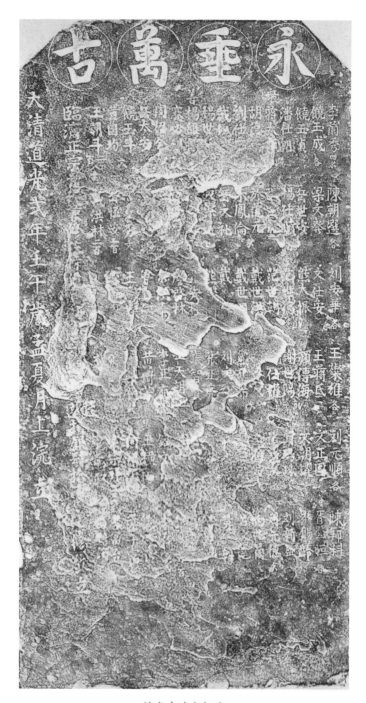

塆角寺碑文拓片

墕角寺石碑

墕角寺碑文拓片

塆角寺碑文拓片

塝角寺碑文

塝角寺碑文拓片

白沙寺

一、寺院概况

　　白沙寺，又名佛林山，位于巴南区东温泉镇五布河畔南岸，宁安山脚公路旁。据民国《巴县志》卷二《寺观》载，始建于明嘉靖三十七年，清乾隆十年重修，道光十三年比丘尼玉号修上殿两廊，十八年补修下殿，距今已有400多年历史。寺庙坐北向南，依山而建，因寺侧有一古井，水清可见井底白沙，故得名白沙寺；又因寺庙前后古木参天，白鹤翩翩，故又名白沙鹤林。

　　旧时的白沙寺四周尽是参天古树，浓荫如盖，郁郁深深，幽深静谧。民国《巴县志》曾载："五步乡白沙寺，岩石耸秀，松挺四围，东里中心地也。明建尼庵，密树藏之，鹳鹤群栖其间，松顶为秃。寺左中田有湫，园中规，水珠上沸，睁如蟹眼，卜晴雨，颇验，或云下伏灵犀，有温泉数所。在寺前者，其源甚旺，温暖得中，别男女池，一在木耳山下，一在北岸溪滨。"据村民回忆，寺院在兴盛的时候有僧尼30多人住锡，寺宇轩昂，清幽雅致，雕梁画栋，技艺精湛。殿内玉皇、关圣金身塑像庄重威严，十八罗汉姿态各异，上、中、下三殿，建筑宏伟。历来香火旺盛，是远近闻名的佛教圣地。

　　寺内生长着奇特的十八半树。何谓十八半？即半生半死、半干半湿、半遮半露、半阴半阳、半正半斜、半主半客、半古半今、半老半少、半喜半忧。十八半树原是一株上百年的银杏树，高约30米，胸围约2米。1981年银杏树顶端被雷劈断，大半树皮自上而下被剥掉，成枯死状态。三年多后，在树腰处，竟有黄桷树萌出新芽，银杏树供给它养料。几年后，黄桷树长得枝繁叶茂，绿影婆娑。两棵树相依为命，这就是"半主半客、半古半今、半老半少"的缘由。

　　白沙寺法嗣承接于重庆华岩寺，高僧辈出。2006年，在华岩寺方丈道

坚法师的鼎力支持下，开始恢复重建。历经四年多的艰辛努力，于 2010 年
6 月正式竣工落成，一座投资 1000 余万，占地 15 亩，建筑面积 2000 余平
方米，具有鲜明佛教建筑风格特色，小巧别致，各种功能齐全的寺庙重新展
现于世人面前。现有大雄宝殿、天王殿、藏经楼、五观堂及东西厢房等建
筑。不少游客慕名而来，香火旺盛。

二、遗址概况

白沙寺现存有清嘉庆年间木匾 1 块，长 1.7 米，宽 0.75 米，阴刻楷书
"佛林山"，落款"比丘尼上大下道老和尚，嘉庆二十季岁次乙亥孟秋月"，
悬挂于山门内侧。在 2006 年寺院恢复重建过程中，工作人员在原址发现有
佛像 3 尊，每尊石像都是整块石头雕刻而成，其中一尊"迦叶"石佛，头部
皱纹、眼角纹、嘴角纹都相当清晰，"迦叶"的衣服上还有依稀可见的彩绘，
线条非常突出。而一尊"阿难"的石佛则笑不露齿。这两尊石佛都是高约
1.5 米、宽 0.55 米。"迦叶"尊者像和"阿难"尊者像是释迦牟尼佛左右胁
侍，过去供奉在白沙寺大雄宝殿中，根据雕刻工艺判断应为明代造像。

白沙寺石柱础

白沙寺大雄宝殿

白沙寺清代牌匾

白沙寺石雕佛像残件

白沙寺石雕佛像残件

白沙寺石雕佛像残件

白沙寺石雕佛像残件

白沙寺石雕佛像残件

白沙寺石雕佛像残件

白沙寺古树

白沙寺石雕残件

东华寺

一、寺院概况

东华寺，位于巴南区东泉镇梨树村东华寺社，始建年代不详。寺址坐西北向东南，面对烟子厂山，左邻梨树坪寨子，右靠四棱碑山。寺院为四合院布局，砖混土木结构，占地面积 1000 多平方米。村民张强发老人回忆，寺院原有山门、前殿、后殿、东西配殿等建筑。以前在大殿脊檩上写有文字"大清雍正十三年"，下殿及两边厢房曾于民国五年（1916）维修。下殿佛台上刻有野鹿含花、二龙抢宝等图案，上殿墙壁上画有狮、虎、豹、麒麟等彩画。上下殿各置一对钟鼓，佛台上供奉的都是木雕菩萨。屋顶、屋檐铸起鳌头。山门前筑有青石铺砌的十二级台阶，有合围粗的银杏、黄桷树各一株。距离台阶约 100 米处有石刻佛龛，供有青石雕琢的土地公、土地婆。寺内供奉的菩萨共有几十尊，主要有洪钧老祖、元始天尊、灵宝天尊、山王、川主、四大天王、城隍、睡仙、送子观音、文昌、释迦佛、雷神、电母等。中华人民共和国成立前还有尼僧 2 人住锡，长老和尚为僧智修，涪陵人，徒弟僧开宏是东泉镇人，十岁时即被家人送到老和尚座下受戒皈依。

1956 年，寺院建筑被村民强占为民居，老和尚回涪陵原籍不知所终，僧开宏则还俗在本村落户。原寺院建筑在 2003 年大部分被村民拆毁，复耕为农田。现在一片废墟之上仅遗留着数个残垣断壁的房基。

二、遗址概况

东华寺遗址现存寺庙台基 2 进，坐西北向东南，东西长约 42 米，南北宽约 35 米，总面积约 1470 平方米。中心地理坐标为东经 106°55′23″，北纬 29°29′58″，海拔高度为 312 米。寺庙基址的特点是依山势修成"阶梯式"平台，平台前沿由条石垒成，在平台上建造房屋，主要建筑都在中轴线上。

Ⅰ号台基位于遗址最东端，前端用条石砌平坝，平面呈长方形，宽21米，进深17米。地表现状为复耕后的耕地，除西侧、南侧尚存墙基石外，其余皆毁。

Ⅱ号台基位于Ⅰ号台基上方（北侧），高于Ⅰ号台基1.1米。前端用加工规整的条石砌成平坝，平面呈长方形，宽38米，进深13米。台基前沿排列有柱础3个，位置已移动。东侧存殿堂1间，穿斗式土木结构建筑，面阔20.7米，进深9.7米，高6.5米，大殿前存6级台阶。

发现有柱础3个，佛像2尊。根据造型及雕刻工艺判断，均为清代遗物。

1. 柱础

位于Ⅱ号台基前沿，平行排列3个，位置已移动。形制相同。通高0.32米，直径0.45米。由两层垒叠而成，下层为方形，上层为鼓形，有连珠纹。

2. 佛像

位于遗址南侧200米处山林上，存有神像2尊，编号D1：1、D1：2。

D1：1，通高0.64米，肩宽0.29米。头戴乌纱帽，其正前上方隆起，冠后竖立两翅。面部五官写实，眼睑较厚，鼻阔，双唇微闭，下巴短，颧骨高。鼻唇之间八字胡须，下颚有弧形须垂至胸部，阴刻细线表现胡须。外着袍，腰部系宽带，身体正面阴刻横斜线以示衣纹。双臂垂于体侧，右手执于腰带上，左手抚膝，大袖垂于体侧。双膝分开，坐于方形台座之上。袍衣垂覆双脚，仅现脚尖。

D1：2，残高0.48米，仅存上半身及头部，面部表情写实中寓夸张。颅方顶凸，无发，眼睑较深，眉弓突出，眼圆睁，圆形眼珠外凸。双唇紧闭下撇，身着偏袒右肩式袈裟。

东华寺建筑遗址

东华寺建筑遗址

东华寺建筑遗址

东华寺基址

东华寺建筑遗址

东华寺基址

东华寺殿门遗址

东华寺石柱础

东华寺基址

东华寺佛像残件

东华寺佛像

宁安寺

一、寺院概况

宁安寺，位于巴南区东泉镇狮子村龙洞湾社，始建年代不详。寺址坐西向东，位于龙洞湾梁子山顶地势凹处，南、北、西侧均为山壁相围。四周群峰环抱，古松翠柏成双成对，密集参天，花木花草连片，四季常青。相传寺址原位于龙洞湾小宁安山上，后因遭雷击而被火焚，再迁于此处。梁子山中原有19道寨门，每一道寨门都是易守难攻，而寺院即位于山寨正中。这些寨门都建造在最为险峻的地方，以前如遇土匪攻山，附近的村民即退入寨门固守。曾经还发生过土匪因久攻不下，而用重金收买守门人的故事，虽然攻破了一道寨门，但山上还有十几道寨门保护着村民，土匪的野心最终没有得逞。

寺院为四合院布局，木质建筑，占地面积约1000平方米。据乡民王晓静回忆，以前庙里主要建筑有大雄宝殿、天王殿、藏经楼、禅堂、客堂、斋堂、僧寮等。抗日战争时期曾经有外地迁来的学校借居寺院继续办学，抗战胜利后学校搬迁至东泉温塘。后寺僧又恢复道场，当时还有寺僧8人在此住锡修行。每年的农历二月十九观音菩萨诞辰日，寺院要举办隆重的法会，而在前一晚即十八日晚上，寺院就已是灯火通明。善男信女均席地而坐，待到零点钟声一起，便一起念诵经文。此时，在通往寺院的山路上，还有信众络绎不绝地赶来，有的人还边走边三步一拜、五步一拜地磕头，而插在山路两边石缝中的线香，远远望去，犹如点点星火蜿蜒而上，十分壮观。

20世纪60年代，寺院建筑被拆毁，寺僧还俗。后乡民在遗址上建有民居，现已坍塌。

二、遗址概况

宁安寺遗址坐西向东，海拔 506 米，东经 106°50′59″，北纬 29°25′45″。东西长约 41 米，南北宽约 36 米，现存面积约 1476 平方米，地表现为荒草覆盖，仅存寺庙台基两进。

Ⅰ号台基位于庙址东部，平面呈长方形，东西宽 18 米，南北长 21 米，前端及左右两侧为条石垒砌而成的平坝，高约 5.9 米。山门遗迹位于台基北侧，已为荒草覆盖。据现存遗址复原，殿面阔约 14.7 米，进深约 8.7 米，殿内现存柱础 1 根。

Ⅱ号台基位于Ⅰ号台基上方（西侧），高于Ⅰ号台基 1.45 米，东西 21 米，南北 36 米，平面呈长方形。北侧存 6 级台阶与Ⅰ号台基相连，两侧垂带石及表面踏垛被破坏。台基前端为条石垒砌，台基边缘排列有 2 个柱础。乡民在其上原建有民居，现已坍塌。

发现有柱础 3 个，古井 1 口，根据造型及雕刻工艺判断，均为清代遗物。

1. 柱础

在Ⅰ号台基发现有 1 个，Ⅱ号台基边缘排列有 2 个，位置均已移动，形制相同。通高 0.38 米，直径 0.47 米，由两层垒叠而成，下层为方形，上有浮雕纹饰，上层为鼓形。

2. 古井

位于Ⅱ号台基南部约 300 米处竹林中。长约 2.4 米，宽约 2.8 米，呈长方形，现存井壁三面均用青砖砌筑。据说在抗战期间，几百名师生饮水皆赖此井，井水从不干涸。

宁安寺石窟造像残迹

宁安寺外寨门

宁安寺外寨门

宁安寺遗址

宁安寺遗址

宁安寺遗址

宁安寺石柱础

宁安寺石柱础

顺风寺

一、寺院概况

顺风寺，位于巴南区东泉镇双新村顺风合作社，始建年代不详。寺址坐东南朝西北，位于青杠林山腰，依山而建。后靠和尚岚垭，与沙杠山隔河相望，发源于东泉卢沟的黑旦河从山脚蜿蜒流过。这里山水钟灵毓秀，山林葱翠浓郁，环境优美，寺院就坐落在这宛如世外桃源的风水宝地之中。

村民文明秀的母亲刘树珍6岁时即在寺院出家，据其回忆，寺院为四合院布局，土木砖混结构，曾有三进大殿，佛像皆为石雕，法相庄严。原有天王殿、大雄宝殿、观音堂、藏经楼、僧房、客堂和钟鼓楼等建筑。大雄宝殿供奉的佛祖释迦牟尼像高约5米，鎏金上彩，金碧辉煌。中华人民共和国成立前还有尼僧12人在此住锡，长老和尚为僧照安，巴南天赐乡人；监院为僧普定，巴南丰盛人。长老和尚对徒弟非常严格，诵经时发现有偷懒的，罚跪香是常有的事。寺院有10处脚庙，现在能回忆起的有天赐的坛华寺、碾沱的金华寺等。

20世纪50年代，寺院建筑被改为当时大队办公室，后改作学校。"文化大革命"结束后乡民将房舍占为民居，1981年修建乡间公路时，将大雄宝殿拆除，公路从其间穿过。剩余建筑经乡民逐年改扩建，早已面目全非。现剩观音堂1间，为张姓村民住宅。

二、遗址概况

顺风寺遗址坐东向西，海拔305米，东经106°53′16″，北纬29°25′48″。总体布局为矩形平面，东西长约42米，南北宽56米，占地面积约2352平方米，主要建筑建造在中轴线上。从总体来看，寺院建筑布局还保持着佛教"伽蓝七堂"之法。现仅存观音堂部分建筑、山门遗址。

观音堂位于遗址东侧，紧靠乡间公路，建在条石垒砌的台基之上，北侧高2.76米，南侧高0.9米。北侧台基开有21级台阶，通向原藏经楼。现存建筑面阔5.8米，进深10.63米，高6.2米。穿斗式结构，北侧墙体已被乡民改造。

山门遗址位于遗址西侧前端，由于破坏严重，仅残存痕迹，山门北侧清理出夹杆石残件。山门遗址东侧约60米处，存"字库塔"基座，被砌于堡坎之中，残高1.04米，宽0.82米。

发现有水缸1个，石碑残件2截，柱础1个，水缸及柱础根据造型判断为清代遗物。

1. 水缸

位于观音堂遗址南侧100米处，为青石质打造，长1.03米，宽0.68米，高0.53米。

2. 柱础

位于观音堂檐下，位置并未移动。由两层垒叠而成，下层为方形，上层为圆形石鼓，直径0.51米，通高0.34米。

3. 石碑

位于观音堂遗址南侧50米处，一块被村民用来做成洗衣槽，青石质，残高01.1米，残宽0.74米，厚0.13米，碑面字迹模糊不清。

另一块石碑残件为黄砂岩质，仅存数字，残高0.35～0.64米，残宽0.35～0.57米，有"民国六年丁巳春正月"字样。

顺风寺碑文拓片

顺风寺石碑残件

顺风寺石碑残件

顺风寺遗址

顺风寺遗址

顺风寺遗址

顺风寺遗址

坛华寺

一、寺院概况

坛华寺，位于巴南区东泉镇新楼村坛华社，始建年代不详。寺址坐东向西，位于坛华寺岗顶，左邻塔岚垭，右接双岚垭。寺院为四合院布局，占地面积约 1200 平方米。原有山门、戏楼、天王殿、大殿、法堂、钟鼓楼、碑亭等建筑。相传寺院最繁盛的时候殿阁房屋达到 60 多间。大殿之内供奉的木雕三世佛，高约 5 米，鎏金上彩。佛前有阿难、迦叶，佛背后为观世音菩萨，周列十八罗汉。钟楼挂有一口 1000 多公斤的大铜钟，钟声清脆悦耳，方圆百里可闻。这口大钟颇有些来历，据乡民李觅讲述，传说在明代成化年间，有高僧在此建庙，快要成功时，只差一口铜钟。为了广传佛法，普度众生，于是主持派弟子到千家万户去化铜钱铸钟，适逢一砍柴的老妇人给其徒弟布施一文铜钱，僧嫌其少而弃于池塘。在冶炼铜钟时，反复几次，大钟表面始终留有一铜钱大小的洞。僧悔悟，跳下池塘搜回所弃之币，投入炉中，铜钟才顺利铸成。中华人民共和国成立前，寺院曾遭火灾，而后盛况不再，至中华人民共和国成立初期时，尚有僧尼 2 人在此住锡。"文化大革命"中，寺庙佛像被毁，房屋分配给村民居住。现存配殿 1 间，为李姓村民住宅。

二、遗址概况

坛华寺遗址坐东向西，海拔 480 米，东经 106°54′31″，北纬 29°25′11″。遗址东西长约 32 米，南北宽约 38 米，占地面积约 1216 平方米。现存配殿建筑及下殿基址。

配殿位于庙址南侧，坐南向北，砖混土木结构。面阔 16.16 米，进深 7.5 米，高 6 米，抬梁式梁架，悬山顶。该殿被村民改动较大，仅西侧房间保持旧貌。

下殿基址位于庙址西侧，东西长约 8 米，南北宽约 11 米，南侧有柱础 2 个，已移位。西侧残留有铺石条痕迹。

发现遗物有柱础、石狮、佛像，根据雕刻造型判断，时代基本确定为清代。

1. 柱础

2 件，位于下殿基址南侧，位置已移位。两件柱础造型相同，由二层垒叠而成，下层为方形，上层为圆形石鼓，上有连珠纹，直径 0.31 米，通高 0.30 米。

2. 佛像

2 尊，位于庙址东侧 50 米处的山林中，编号 D1：1、D1：2。

D1：1，佛像已残，呈坐姿，残高 0.41 米，宽 0.28 米，头部缺，外着广袖长袍，腰系宽带，双手扶于膝上。

D1：2，头部已缺，身着长袍呈坐姿于方形台坐上，腰系宽带，脚尖外露。左手环于胸前，似持一物，右手扶于膝上。残高 0.76 米，宽 0.58 米。台座上有阴刻铭文，如下：

张□礼、关天伦、黄仕民、李洪远，

共□钱乙□二百文。

3. 石狮

1 件，位于庙址东侧山林，与佛像并列，通高 0.56 米，宽 0.41 米。蹲坐于长方形台座之上，狮座一体，前爪搭于小球之上，整体造型浑然天成、古拙厚重。

坛华寺建筑遗址

坛华寺石柱础

坛华寺石柱础

坛华寺石狮

坛华寺建筑遗址

坛华寺石雕佛像残件

131

坛华寺石雕佛像残件

坛华寺石雕佛像残件

坛华寺石柱础

天子寺

一、寺院概况

天子寺，又名天子殿，位于巴南区东泉镇天赐乡正街。据《巴县志》卷二《寺观》载，始建于清康熙年间，原名广心寺。清康熙时，陈光宠捐田业招僧住持，后僧不法，道光四年陈良佐另招尼住持。清道光二十年陈正晖等培修，光绪十三年僧普宗重修。

寺址后靠夹层沟山，坐东向西。寺院建筑原为两进四合院，约占地1500平方米。前院正面大殿，正塑木雕观音。后院供奉老君、地藏金像。中华人民共和国成立前还有寺僧8人在此住锡。山门前有戏楼，每逢会期，寺庙均会请戏班在此搭台酬神唱戏，内容多为春祈秋报、求神还愿、年节喜庆等内容，供前来烧香朝拜的村民观看。距寺庙西侧约600米的山冈上，有寺庙所办慈善机构"善堂"。每逢初一、十五，寺僧要熬制米粥抬到寺庙门口，附近的穷苦百姓都提着瓦罐来领粥。"善堂"还备有一些常用的简单药材，寺僧中有懂医术者，经常在这里为穷人看病送药。村民陈良才老人回忆，"善堂"曾有房间专门堆放薄木板，遇有贫苦乡民身故，无法安葬者，便施以薄木一块，助其入土为安。逢菩萨圣诞，寺院还要捐钱捐物，救济村中孤苦贫困者。

20世纪50年代，寺院改建为天赐乡小学使用至今，而庙中佛像则在"文化大革命"中被破坏。原寺庙建筑经学校逐年改扩建早已不存。20世纪90年代学校在翻修校舍时，在原大殿基址处掘出佛像残件2尊，乡民移于"善堂"旧址供奉。

二、遗址概况

天子寺遗址现为天赐镇中心校址，原建筑格局已不存。海拔563.2米，东经 106°54′40″，北纬 29°27′13″。寺址西侧约 600 米的山冈上有寺庙所办慈善机构"善堂"遗址，坐西向东，南北约 28 米，东西约 45 米，平面呈长方形。地表现状为耕地，尚存山门、正殿遗迹。

山门位于"善堂"遗址东部，仅存门柱 2 根，周围地表为耕地。门柱高 2.1 米，柱上有联，阴刻楷书："不堕轮回宜早回心向善；欲逃劫运务先立志修心。"

正殿仅保存有部分墙体，为黄土夯筑，残存 2 段，分别残长 1.4 米、2.4 米，宽 0.75～1.4 米，底部残留夯筑三合土基。

遗物发现有柱础 1 个，佛像 2 尊，时代基本确定为清代。

1. 柱础

位于天子寺遗址南部约 1000 米处天赐镇老街口，位置已移动。由二层垒叠而成，下层为方形，上层为鼓形，表面浮雕有花纹图案，四角有高浮雕兽像。通高 0.37 米，直径 0.41 米。

2. 佛像

位于"善堂"正殿遗址，佛像系在天子寺遗址掘出，乡民移于此处供奉，编号 D1：1、D1：2。

D1：1，神像残高 1.23 米，肩宽 0.39 米，头部为现代补刻，呈坐姿于长方形台基之上。身穿广袖长袍，双臂可见下垂衣纹，双腕处向外翻出衣角搭于膝外侧。腰部系腰带，双腿间可见下垂腰带，双手于腹前重叠，右上左下，似持一物。

D1：2，佛像通高 1.25 米，肩宽 0.26 米，头部为现代补塑，结跏趺坐于二层方形佛台之上。腹部可见下着裙，系腰带，双手重叠于腹前，右上左下，一层佛台右侧有高浮雕人物像。

天子寺现存山门对联（右）

天子寺现存山门对联（左）

天子寺遗址

天子寺石雕佛像

天子寺现存佛像

天子寺石柱础

天子寺遗址

东岳庙

一、寺院概况

东岳庙，位于巴南区二圣镇幸福村叶家湾社，始建年代不详。寺址坐西向东，左邻大土冈，右接高峰寺冈，前临庙岚垭冈。寺周环山十多里皆为松柏丛林，鸟语柏香，峰峦耸翠，景色宜人。寺庙为四合院布局，木质结构，二进院落。据村民肖永寿回忆，寺庙旧有圣帝殿、三官殿、阎王殿、城隍殿、财神殿、龙王殿、观音殿等殿宇。圣帝殿供奉的是东岳圣帝，是执掌人间赏罚和生死大权的泰山之神，佩通阳印，统领百神，并掌管七十二司和阴曹地府。阎王殿内塑五岳大帝、十殿阎君和六曹判官等，塑像高度与人相仿，两旁分别塑有各种鬼吏和刀山、油锅、碾磨、锯解等几十种地狱场景。每逢初一、十五前来朝圣进香者络绎不绝。农历三月二十八是东岳圣帝的诞辰日，从各地赶来朝圣的人数达千人之众。四方善男信女虔诚朝拜，仰沐恩光，期盼圣帝长佑护身，消灾避难，祈福禳灾。

寺庙在新中国成立初期尚有僧尼 3 人住锡，为僧照智、照明、马玉清。长老和尚僧照智，长寿人氏。庙地为当地"陈姓乡绅"捐出，在幸福村"大土"一带，每年要收谷租 45 石。但庙田的经管，还是有该乡绅负责。在明清两代，东岳庙成为敕建的官庙，东岳大帝的诞辰被列入国家祀典，而在民间，由各行会尊奉而募资修建的东岳庙，为满足乡民祭祀供奉而募资修建的东岳庙则数量更多。根据村民的描述分析，二圣镇幸福村的这所东岳庙应是由民间募资，为满足乡民祭祀所需而兴建的。

明清之际，三教合一的思想已经在宗教界占据主导地位，在清代巴蜀地区，三教合一的寺院就已经比比皆是了。僧人、道士不分彼此，互相依存，往往道士主持寺院，僧人住锡道观成为常态。二圣镇幸福村的这所东岳庙本是道观，但也还供奉着佛教的菩萨，由僧尼住锡。

20 世纪 50 年代，寺庙被毁，寺宇成为民居，环境改变较大。20 世纪 70 年代，村民在原寺院基址上自建楼房。距寺址南侧约 800 米处原有观音寺遗址，其为东岳庙脚庙，现已不存。新中国成立后长老和尚照智去了成都，另外两位僧尼还俗后在本地落户。寺院基址已被现代民居覆盖，原建筑格局已不存。

二、遗址概况

东岳庙遗址坐西向东，海拔 335 米，东经 106°45′16″，北纬 29°26′45″。遗址地表已为现代建筑所覆盖，寺院建筑格局已不存。发现有佛像残件 3 尊，位于遗址西侧约 50 米处山林中，并列于一处，根据雕刻工艺判断，应为清代作品。编号 D1：1、D1：2、D1：3。

D1：1，佛像残，圆雕，青石质，手臂残缺，表层酥粉、起壳，布满苔藓。颈部有水泥接痕，胸部有横向断裂痕迹。着长袍，呈坐姿于台座之上。头戴冠，眉弓略上扬，眼睑较厚，双唇风化。残高 0.86 米，宽 0.58 米。

D1：2，佛像残存上身，头及下部残缺，圆雕。穿长衣。残高 0.74 米，宽 0.52 米。

D1：3，佛像残，圆雕，青石质，头部为现代补塑，颈部可见水泥接痕。着广袖长袍呈坐姿于方形台座之上，双臂于体侧下垂屈肘，合拢于腹前，双手部已残缺，宽袖于手腕处外翻垂于体侧，衣纹阴刻较深，背部有方形凿孔。残高 1.9 米，宽 0.96 米。

东岳庙遗址

东岳庙现存石雕佛像

东岳庙现存石雕佛像

甘凉寺

一、寺院概况

甘凉寺，位于巴南区二圣镇中坪村，始建年代不详。寺址位于大坪子山腰，坐东朝西，后靠桫树岗，左邻马桑湾，右邻望山咀。寺院为四合院式布局，依山而建，木质结构。中轴线上依次有山门、戏楼、金刚殿、钟鼓楼、玉皇阁等建筑。古刹雕梁画栋、巧夺天工，气势恢宏。寺院鼎盛时期有文武僧众 10 多人住锡修行。传说古时候有高僧在此结篷修行，某夜大雨滂沱，有村妇持伞前来求借住一宿，被高僧婉言相拒。村妇闻之，一笑而去。高僧一愣，忽然想到，佛祖眼中众生平等，无男女之别，而自己眼中却有男女之别，心中尚有挂碍，还没证到清净圆满的光明境界。那村妇万一跌下了悬崖或遭遇了山中虎狼，岂不是自己的罪过。想到这里，急忙就追出屋去，果见那山路边的灌木丛上，还挂着一把油伞。高僧一时万念俱灰，从山路边的悬崖纵身跳了下去，却被一朵祥云托起，抬头见观音大士正立在云头，原来是菩萨度他而来。经此一劫，高僧终得正果。后人为缅怀高僧，在此募资建寺。自建成以来，香火鼎盛，朝神拜佛者络绎不绝。每逢佛诞，寺中要举办法会，寺外演戏说书，四方货物也在此地交易，鼎盛一时。

据村民回忆，至中华人民共和国成立初时，还有寺僧 3 人住锡。长老和尚为僧朗清，安澜人氏。寺中有大小佛像 100 多尊。金刚殿供有韦驮菩萨、四大天王、二十四位诸天、龙王等神佛塑像。玉皇阁正中如来佛、玉皇大帝并列而坐，殿堂两边分列十八罗汉（左边）、雷神、地母、灵官（右边）等仙佛塑像。从村民的描述中，可知在民国年间寺院已由禅院演变为释、道合一的寺院，较有特色。

20 世纪 50 年代末，寺院被毁，寺僧被迫各奔东西。"文化大革命"中乡民占庙而居，经过几十年的改扩建，古刹旧貌全失，环境改变较大。遗址现还有十多户村民居住。

二、遗址概况

甘凉寺遗址坐东朝西，海拔 367.4 米，东经 106°47′，北纬 29°27′16″。寺院基址平面呈长方形，东西长约 38 米，南北宽约 27 米，占地约 1026 平方米。地表已为现代民居所覆盖，原寺院建筑格局已不存，仅遗址西侧存部分殿前平台，地面用青石板横向平铺，长 7.4 米，宽 6.8 米。发现有石构件 1 件，佛台底座 1 件，根据石质构件造型及雕刻工艺判断，均为清代遗物。编号 D1：1、D1：2。

D1：1，为石构件残件，位于遗址南侧田坎边，雕刻呈椭圆形，表面已风化。采用镂雕、浮雕等形式，雕以人物、花卉图案。残宽 0.72 米，残高 0.52 米。

D1：2，为佛台底座，位于遗址东南侧田坎下，被半掩埋于泥土中，立面呈梯形，上宽 0.76 米，下宽 1.15 米，露土部分高 0.36 米。

甘凉寺石构件

甘凉寺石构件

甘凉寺遗址远景

甘凉寺遗址佛台底座

红　庙

一、寺院概况

红庙，位于巴南区二圣镇巴山村下院子社，始建年代不详。寺址位于村里一小山岗上，坐北朝南，四方皆有山堡环绕，林木茂密，翠竹葱茏，汩汩清泉，景色宜人。寺庙为三合院布局，有玉皇殿、观音殿等殿堂。所供奉的主神为玉皇大帝，中华人民共和国成立前有龛师住庙。据村民回忆，龛师姓邓，南川人氏，据说身怀异术。

邓龛师收了几个徒弟，都是孤儿，空闲的时候，就教授些拳脚枪棒之类防身健体的功夫。有一次两名徒弟见到农户玉米田里，庄稼要成熟了。农田里玉米吐着金黄色的胡须，风一吹过，发出簌簌的响声，弹拨得心里痒痒的，令人垂涎欲滴。两人想到师父生活清苦，想"弄"点玉米去孝敬师父，决定半夜趁着月色去掰些。深夜中，两人越过田坎，神不知鬼不觉地溜进玉米田，一人摘了一大麻袋，连夜送到大殿，累得上气不接下气，直叫开门。徒弟们听到敲门声，欲打开门栓开门看个究竟，却被邓龛师怒喝住："有两个强盗来了，不要开门。"后勒令将玉米送回人家。事后，村民们都说邓龛师修为有了火候，大事小事，洞若观火。

20 世纪 60 年代，"破四旧"之风兴起，寺庙被勒令关闭，邓龛师返回原籍，庙宇现为乡民居住。

二、遗址概况

红庙遗址坐北朝南，海拔 328.6 米，东经 106°45′12″，北纬 29°29′22″。寺庙为三合院布局，现存正殿 1 间，面阔三间 14 米，进深 7 米，高 5.8 米，穿斗式结构，悬山顶。正殿下存 5 级台阶，台基高 0.42 米。

红庙遗址（局部）

红庙遗址（局部）

剑峰寺

一、寺院概况

剑峰寺，位于巴南区二圣镇中坪村上湾社，始建年代不详。寺址位于天坪山中剑峰寺冈，前可远眺清华寺咀大山，东、南、北三面皆为山冈。剑峰寺冈山势雄峻，峰峦秀美，古藤缠绕，曲径通幽，林木葱茏，环境清幽。寺院旧为四合院布局，砖混土木结构建筑，有僧尼 3 人住锡。中轴线上前为山门、天王殿，后为大佛殿，两侧配以廊庑、配殿等殿宇。大佛殿里木雕释迦佛结跏趺坐于莲台之上，背后饰佛光背板。佛像形态逼真、造型优美，处处可见用工之精良。每年农历六月十九是剑峰寺传统庙会，届时寺中举办法会，寺外搭戏楼演戏说书，各村信众到此烧香礼佛，鼎盛一时。据村民李能固讲述，寺中长老尼师慈悲，曾先后收养了三名孤儿，扶养成人，有二名在寺庙出家，一名在附近乡村落户。长老尼师为僧仁定，俗名刘兰琴，忠县人氏，出生于医药世家，家境富裕。在七八岁时，父母就送她去读私塾，学琴棋书画，可她生性好佛，经常偷偷到附近寺院里听高僧诵经，还从家里取些粮食接济庙里。长及成人，立志修行，终身不嫁，父母无奈，只得送她到附近寺庵暂住。但不久后她就随师父到了二圣剑峰寺住锡。初到禅院，因寺院建筑年久失修，残垣断壁，破烂不堪。师徒二人四处募资，省吃俭用，改修寺院，并坐堂行医广结众生缘。四众弟子，纷纷随缘解囊，鼎力襄助。经过几年多的操持，剑峰寺修葺一新，宝地重光，道场复兴。师徒二人常去山中采摘各种中草药配制各种药方，然后用石磨碾粉，制成药丸。一面弘扬佛法，一面行医乡间，为百姓解除疾苦。仁定老尼尤擅长治疗妇科疾病，妙手回春，故求医者络绎不绝，闻名遐迩。遇有贫苦患者一概施诊赠药，深受信众的敬仰。有一次，一位中年妇女携一小孩到寺中诊治。老尼师见她蓬头垢面脸有菜色，询问后得知她因家道中落，又逢变故，只有四处流浪，走到寺院附近实在走不动了。法师闻之动了恻隐之心,不仅未收其诊金,还解囊帮助付药费。经她细心调治,小孩很快恢复健康。事后,还安排中年妇女佃租寺院庙地,以维持生计。

20世纪50年代,"破四旧"之风兴起,寺院被迫中止宗教活动,僧尼还俗,但老尼师仍在寺院居住,约在1958年时,以百岁高龄圆寂。"文化大革命"中寺院佛像、经卷尽毁,寺庙建筑被村民据为民居,经逐年改扩建,旧貌已失。现乡民刘开万在寺院基址上建民居自住,环境改变较大。

二、遗址概况

剑峰寺遗址坐东向西,海拔542.9米,东经106°43′2″,北纬29°26′28′。寺院基址平面呈长方形,东西长约32米,南北宽约24米,占地约768平方米。地表现状为现代民居所覆盖,在民居墙上仍发现有部分寺院老砖,长0.32米,宽0.2米,高0.23米。

剑峰寺古井

155

剑峰寺外景

剑峰寺遗址

剑峰寺遗址

剑峰寺遗址

剑峰寺石柱础残件

水口庙

一、寺院概况

水口庙，位于巴南区集体村清华寺社，始建年代不详。寺址坐北朝南，位于滴水岩上，面向八公嘴岩，左邻狮子冈，与清华寺遥遥相望。寺庙坐落于悬崖边上，向下望，就是陡直的峭壁，高约数百米。庙前有溪涧缓缓流过，从寺址东侧断崖飞泻而下，砸落在崖壁突出的岩石上，琼浆飞迸，碧玉粉碎，溅出的水花形成大片喷雾，像一团乳白色的轻烟薄云。风水学讲究生旺处来，死绝处去，让水带来旺气，冲走衰败死绝之气，又讲究来水处宽阔，去水处狭隘，有灵物捍门。因此在溪涧流经村落的咽喉之地，常常建有水口庙，让神明来镇压煞气，保佑村落平安。据村民回忆，寺庙原有大小石雕佛像40多尊，如观音菩萨、药王菩萨、关圣、雷公、地母、灵官、眼光菩萨等，神像造型各异。文官文质彬彬一表人才，武官威武雄壮刚直不阿，童男童女天真可爱，地狱鬼王面目狰狞，令人敬畏。旧有龛师1人住庙主持庙务，有薄地十亩，自耕自收。每逢初一、十五，村中善男信女来此虔诚烧香拜佛，期盼菩萨长佑护身，消灾祛难。龛师俗姓王，本村人氏，为人祈福求子、驱邪禳灾屡有灵验。

"文化大革命"中，寺庙遭到破坏，佛像悉数被毁，遗址现仅剩殿堂，已改为民居。经逐年改造，部分墙体已失旧貌。

二、遗址概况

水口庙遗址坐北朝南，海拔452.4米，东经106°48′37″，北纬29°28′53″。寺院为三合院布局，现存正殿、厢房，占地约300平方米，穿斗式结构，悬山顶，正殿面阔12米，进深9.3米，厢房面阔7.8米，进深4.9米。

水口庙遗址

水口庙远景

水口庙外景

万天宫

一、寺院概况

万天宫，位于巴南区二圣镇二圣正街 98 号，始建于清光绪三十一年。寺院为三进两院，建有天王殿、川主殿、财神殿、观音殿、武圣殿、文昌殿等。川主殿供奉的木身川主菩萨是寺庙祀奉的主神，在殿堂里金身居中。左右两侧分别为雷公和电母，神台下有呈八字形的两个约 2 米高的台子，分列十二圆觉菩萨。川主信仰源于唐代以前蜀地李冰信仰传统。其在宋元以后，尤其是明清以来一直是巴蜀地区一大民间特色信仰。川主即四川之主神，清光绪《黔江县志》卷二《规建志·祠祀》载，川主秦蜀郡太守李冰也，李公治水淘滩作堰功德在民，其子二郎复以神力佐公制孽龙，故川民祀之为生。李冰作为蜀之名宦，其治水事迹在巴蜀地区广为流传，秦昭襄王末年（约前256—前251）为蜀郡守，在岷江出口处（今都江堰市）主持兴建了中国早期的灌溉工程都江堰，因而使成都平原富庶起来。他还在今宜宾、乐山境开凿滩险，疏通航道，又修建汶井江（今崇州市西河）、白木江（今邛崃南河）、洛水（今石亭河）、绵水（今绵远河）等灌溉和航运工程，以及修索桥、开盐井等。李冰最后因积劳成疾死在了治理石亭江的工地上。南朝齐建帝时期，益州刺史刘季连在都江堰渠首建崇德庙，专祭李冰，此时李冰作为神的形象开始出现。因四川地区地貌以山川为主，先民们主要以近水为居，每遇水灾，蜀人对李冰的神化便随之升级。明清以来，供奉李冰的庙宇遍布全川，其名称也多种多样，如川主宫、川主寺、清缘宫、三圣宫、万天宫、土主庙等。每年的农历六月二十四是李冰的生日，各地要举办祭祀活动，即"川主会"。从祭祀活动的主体来看，可分为官祭和民祭。官祭活动一般为一年一次，规模较大且庄严肃穆，如 1938 年，四川省政府就颁定了《崇祀显英王庙伏龙观典礼仪式》，规定了基本程序和过程。民间的川主祭祀活动一般以"庙会"的形式举办，比较通俗化、大众化。据村民回忆，二圣镇每年的川会，由各乡的会首筹备办理。届时，按惯例要抬着川主神像到各乡巡游，神像两旁有仪仗队敲锣打鼓护送。四邻八乡的信众纷纷前来赶会，会期还有戏班演戏酬神，赶会的商贾趁机出售土特产、日用品等，依托庙会而形成了自发的集市交易。

20世纪50年代，"破四旧、立四新"之风在全国刮起，寺僧被迫还俗，寺庙佛像被毁，建筑被占用，现仅剩殿堂1间。

二、遗址概况

万天宫遗址坐北朝南，海拔265.8米，东经106°46′14″，北纬29°27′59″。现存殿堂1间，占地面积253平方米，连乐楼面阔五间17.5米，其中戏台面阔9.7米，进深8米，高12.6米，戏台距地面2.95米，分上下两层，下层5间，上层3间。木结构，悬山顶，抬梁式架构。檩题"大清光绪三十一年仲秋下浣"。戏台额枋雕戏剧人物、花卉等。厢房面阔一间，进深一间。

万天宫上殿遗址

万天宫戏楼屋脊

万天宫木雕龙柱

万天宫木雕横枋

万天宫遗址

万天宫遗址

万天宫遗址

万天宫遗址

万天宫遗址（局部）

吴家庙

一、寺院概况

吴家庙，位于巴南区二圣镇中坪村风岩寺社，始建年代不详。寺址位于吴家庙冈，右邻双光湾冈，前经杨家砭垭口可到二圣场。寺周地势平坦，林木掩映，农舍毗邻，环境清幽，交通便利。寺院为四合院布局，土木结构建筑。有上下殿、山门、戏楼等建筑。下殿供有观音菩萨、眼光菩萨、日光菩萨、黑神等神佛塑像，上殿奉有关圣、周昌、关平、雷神等神像。据村民讲述，吴家庙原为当地大户吴氏家族庙，由湖广填四川移民到此，捐资建庙，此庙后成为村民祭祀场所。

明清之际，巴蜀地区天灾频繁，社会动乱。特别是明朝末年农民军张献忠部属数十万大军多次进出巴蜀，与明政府军队和地方武装反复作战，使巴蜀地区的经济遭受严重破坏，人口锐减。据民国《巴县志》记载："自晚明献乱，而土著为之一空，外来者什九皆湖广人。"清朝初年，为恢复和发展四川经济，政府开始组织大批移民入川。清康熙年间，吴三桂反叛朝廷，战争连续七年，又使喘息未定的四川再遭浩劫，人口大量死亡，不少地方四野荒凉，荆棘遍地，人口绝迹。康熙三十三年由皇帝亲自颁发"招民徙蜀诏"，"饬行川省湖南等处文武官员知悉，招民徙蜀"，形成清代长达百余年的"湖广填四川"移民运动。移民入川大致有四种情况：一是两湖、江西移民沿水路直接举家迁移到四川插占为业；二是先移民到贵州等地安家置业，后代再辗转入川；三是先派家人到四川打探情况，置买田业之后，再举家搬迁入川；四是原属四川的土著流民返回四川。在明末清初的战乱中，因贵州遵义一带较为平静。重庆府辖州县相当一部分人为逃避兵乱，逃离到贵州遵义、桐梓等处躲避兵乱而定居，在战乱结束后又返回故乡，重振家园，恢复生产。从长江水路入川的移民，沿江而上，经水路到重庆城后，再走旱路，上重庆去成都的官道沿途插占为业，或投奔已安居乐业的亲友。光绪《巴县乡土志》载，正西陆路出通远门，十里佛图关，十五里石桥铺，又十里二郎铺，又二十里白市铎，又七里凤山铺，又十五里走马冈交璧山界。在这次移民浪潮中，吴氏家族部分成员也成为这支移民大军的组成部分，他们在进入二圣镇站稳脚跟后，开始置买田业，经营商号，成为当地富绅。在经济上收获了一定的效益后，他们开始捐资建庙，给巴渝地区带来了不同地域的移民文化。

20 世纪 50 年代，寺庙为天坪乡政府所在地。"文化大革命"中寺庙被毁，只剩断壁残垣，景况萧然。80 年代初，村民将寺址辟为菜地，近年有信众陆续将在田间掘出的佛像归于一处供奉。

二、遗址概况

吴家庙遗址坐东朝西，海拔 558.4 米，东经 106°47′361″，北纬 29°26′45″。寺院基址地表现为开垦好的耕地，种植油菜等农作物。发现有佛像浮雕 1 尊，位于遗址南侧 50 米处公路边，位置已移动。为石刻浮雕，右上部有裂纹。通高 0.80 米，宽 0.50 米，神像高 0.70 米，宽 0.40 米。面部残缺，身着铠甲，系肩巾，腹部略鼓起，胸腹部有浅浮雕圆形纹饰，下身着裙甲。右手于胸前握拳，左臂于体侧曲肘，右手拄于右腿上握一物。双脚皆赤足，右腿上跨，右足踏一兽（已风化），兽足上有长蛇缠绕穿过裙甲，于左足腕处缠绕。头部后有浮雕四臂，各持一法器。

吴家庙石雕佛像

吴家庙遗址

龙池寺

一、寺院概况

龙池寺，位于巴南区二圣镇巴山村下院子社，始建年代不详。寺址位于村西一地势开阔之处，地势平旷，四周农田阡陌纵横，远眺天坪山蜿蜒起伏，峰峦叠翠，风景极佳。传说明末清初，有高僧从峨眉山云游而来，慧目明察，看出此地乃佛光宝地，遂在此搭棚而居，住锡修行。因庙小难以宣隆佛法，于是就把一个大鼓架在一棵老黄桷树上，昼夜坐在树上诵经击鼓，声音铿锵激越，几十里外可闻。有乡中富绅循声前来察看，问高僧何事昼夜敲鼓诵经。高僧答曰："我见此处山清水秀，如人间仙境，有意在此寻一袖之地住锡修行，但却无立锥之地，只有在树上歇息。"富绅闻之大笑："一袖之地，我舍与你就是了。"高僧听罢，也是一阵大笑，伸手将袖子往空中一扬，其阴影竟遮住了巴山村一带二十余亩田地。高僧言道："贫僧衣袖所遮之处，请施主舍与贫僧建寺院就是了。"富绅见状，知遇到了得道高僧，叩头便拜。寺院自建成后，因香火灵验，常年信众云集，僧众佛号嘹亮，香烟祥云缭绕，堪称佛门胜地，修持佳境。据村民回忆，中华人民共和国成立前还有僧尼 3 人住锡。每年的农历四月二十八"药王会"最为热闹。庙会的前一天参会的信众要斋戒沐浴，僧尼在药王殿里安坛设驾。在二十七日夜里子时，就要为药王菩萨掸尘。掸下的灰尘，则被当作治病的良药，散于众香客。第二天清晨，僧尼带领各村会首在药王像前酬神拜礼、焚香上表、进献贡物。随后在大殿前的石香炉里"焚表"，"表"上写着出资参会信众的名字，以通神明。烧得好，表明大吉，如果点不着火，或烧得太快，来年的运气就不会太好。据传香灰还能治病，参会的信众兜里都携带着一个小瓷瓶。在拜完药王菩萨后，去装满香灰，回家供在神龛上。遇有人畜生病，取点香灰冲水服用，据说灵验异常。中午，信众以彩轿抬药王神像，巡游各村，一路上仪仗队随行，旗幡相对，锣鼓喧天。

20世纪50年代，寺僧被逐，原建筑被学校征用。"文化大革命"中寺院供器、文物、神像等全被捣毁、焚烧。遗址只剩残迹断垣，景况萧然，这座百年古寺在默默等候有缘重振道场，再宣法音。

二、遗址概况

龙池寺遗址坐北向南，海拔270.4米，东经106°45′30″，北纬29°29′13″。现存建筑为穿斗式结构，面阔约29米，进深约12.7米，占地面积约300平方米，台基高0.6米。

存台阶4级，悬山顶，格扇门，竖棂窗，保存基本完好。明间脊檩上有题字。房屋内存佛像一尊，圆雕，青石质，头部残缺，着长袍，呈坐姿于方形台座之上，佛像表面已风化，不可辨识，残高0.92米，宽0.41米。

龙池寺建筑遗址

龙池寺建筑遗址

龙池寺建筑遗址

龙池寺建筑遗址

龙池寺佛像残件

清华寺

一、寺院概况

清华寺，位于巴南区集体村清华寺社。据民国《巴县志》卷二《寺观》载，始建于清康熙九年，清道光三十年僧国福培修。寺址位于天坪山中，依山而建，背靠和尚堡，面向狮子岚垭，占地约 3000 平方米。据村民姚文琴讲述，旧时清华寺为远近闻名的大寺院，原古建筑群分左右长廊、厢房、亭台、膳院和天王、弥勒、川主、毗卢、大雄、玉皇六大主殿，加上文殊、普贤、地藏、龙王、牛王、文昌、灵官、黑神等十几座小殿，俗称"九重十八殿"。整座建筑雕梁画栋、巧夺天工，气势恢宏。每到佛诞会期，成千上万的善男信女，手捧佛珠，头顶香盘，口念弥陀，朝山礼佛，盛极一时。中华人民共和国成立初尚有寺僧 30 多人住锡。20 世纪 50 年代，寺院被毁，寺僧走散，寺院建筑被学校征用，"文化大革命"中被乡民据为民居，经逐年改造早已面貌不存。

二、遗址概况

清华寺遗址坐西朝东，海拔 406 米，东经 106°48′23″，北纬 29°28′46″。遗址地表现状部分开垦为苗圃，被林木覆盖。现仅存寺院台基 2 进，坐西朝东，东西长约 32 米，南北宽约 51 米，占地面积约 1632 平方米。寺院基址的建筑特点是依山势逐级修成"阶梯"式平台，平台前沿由条石垒砌，然后在平台上建造房屋，寺院主要建筑都位于中轴线上，东低西高，逐级抬升。

Ⅰ号台基位于遗址最东端，平面呈长方形，宽约 47 米，进深约 16 米。台基前端为缓坡，被弃土所覆盖。北侧为苗圃用耕地，栽有树木。南侧建有现代民居。中部地面用石板南北向错缝平铺，宽 22 米，进深 10 米，外侧用条石匝边，边缘有沟渠宽 0.37 米，深 0.46 米。

Ⅱ号台基位于Ⅰ号台基上方,高于Ⅰ号台基 2.03 米。台基前端用加工规整的条石垒砌成平坝,宽约 51 米,进深约 17 米,平面呈长方形。地表现状为开垦后的菜地,南北侧建有现代民居。台基两侧各存有 11 级台阶与Ⅰ号台基相连。南侧民居房檐下发现有石狮 1 对。台基西南侧存古井 1 口,井口呈圆形,直径 0.73 米,井沿地面用青石板平铺,至今仍在使用。

遗物发现有石狮 1 对,石柱础 3 个,佛像 1 尊,根据雕刻工艺判断,均为清代遗物。

1. 石狮

位于Ⅱ号台基南侧民居处,圆雕,青石质。雌狮前足残,紧邻狮身有幼狮残件。狮头偏向一侧,两耳下垂,上额较窄,眼圆睁,口横长,露出犬齿,口含绶带。雄狮头歪向一侧,两耳下垂,头部鬃毛卷曲。口微张,含绶带,表情温顺,无威严之态。

2. 石柱础

位于Ⅱ号台基北侧,呈错列分布,形制相同,仅举一例予以介绍。通高 0.57 米,直径 0.35 米,为三层垒叠,底部为方形,中间为圆柱状,顶端为圆鼓形。表面已风化脱落。

3. 佛像

位于遗址北侧约 60 米处树林中,佛像残,圆雕,青石质,身着长袍,腰系带,呈坐姿于方形台座之上。右手执于腰带上,左手扶于膝上,双腿之间阴刻环形衣纹。

清华寺佛像残件

清华寺遗址

清华寺遗址

清华寺石柱础

清华寺石柱础

清华寺古井

清华寺遗址

清华寺石狮

清华寺石狮

祝寿寺

一、寺院概况

祝寿寺，位于巴南区二圣镇中坪村祝寿寺合作社，始建年代不详。寺址坐南朝北，位于太和梁大山中。后靠大兴田冈，左邻和尚大林冈，右接天坪山朝天咀，北面为一断崖陡坡，山下即为二圣场。寺院旧为四合院布局，木质建筑。有山门、天王殿、玉皇殿、大佛殿等殿宇。寺院建筑金碧辉煌，环境清幽雅致，阁楼台榭随处可见，奇花异草点缀其间。据乡民刘儒学讲述，寺院原名仙峰山玉皇阁。传说明代建文帝避难蜀中时，曾于寺中住锡，当日恰逢建文帝的生日，故将寺庙改名为祝寿寺。大佛殿原有三层，建文帝就在第二层一间居室内禅修。自建文帝在这间房间居住以后，每逢夏日，竟再无蚊虫滋扰。中华人民共和国成立后虽寺宇被毁，但该房屋遗址处在夏日酷暑时，依然蚊虫少见，与周围环境形成鲜明对比，殊为神奇。在玉皇殿里玉皇大帝神像后背上有方形小孔，藏有建文帝的手书墨迹。中华人民共和国成立前有乡民曾经目睹，新中国成立后因寺毁而不知所踪。

20世纪50年代，寺院遭到破坏，寺僧还俗，寺庙屋宇被改为民居，经逐年改造，原建筑风貌已不存。

二、遗址概况

祝寿寺遗址坐南朝北，海拔565.7米，东经106°46′34″，北纬29°26′6″。遗址平面呈长方形，南北长约48米，东西宽约34米，占地约1632平方米。寺院基址的特点是依山势先用条石垒砌成平台，然后在平台上建造房屋，是一处南北长的矩形寺院，主要建筑都建在中轴线上。由山门遗址、天王殿遗址、玉皇殿遗址、大佛殿遗址组成。

山门遗址位于遗址的西北方，地表为泥土、垃圾覆盖。坡长8米，现存

16 级台阶，宽 2.3 米，发现有石狮残件。

天王殿遗址位于遗址的最北端，平面呈长方形，坐南朝北。南北宽 7 米，东西长 15 米。东侧建有现代民居。地面为条石顺向平铺。

玉皇殿遗址位于天王殿遗址的南边，平面呈长方形，基址上已建有现代民居。南北宽 9 米，东西长 17 米。东侧原配殿处已建有现代民居，东侧台基高 34.3 米。

大佛殿遗址位于遗址的最南侧，平面呈长方形，坐南朝北。南北宽 7 米，东西长 16 米。

基址上已建有现代民居，仅南侧残留有部分铺地砖。

遗物发现有佛像 4 尊，石狮 1 件，石柱础 3 件，根据雕刻工艺判断为清代遗物。编号 D1：1、D1：2、D1：3、D1：4、D1：5、D1：6、D1：7、D1：8。

1. 佛像

位于遗址西南侧民居墙边，并排而列。

D1：1，佛像残，头部缺失，圆雕，青石质，表面风化，残高 0.43 米，宽 0.39 米。

D1：2，佛像残，头部缺失，圆雕，青石质，表面风化，着双领下垂式袈裟，结跏趺坐方形台座之上，双腿隐于袈裟之中。双臂于体侧下垂曲肘，在胸前合拢，手部为巾状物覆盖。残高 0.79 米，宽 0.45 米。

D1：3，佛像残，头部缺失，圆雕，青石质。着长袍，腰系带，呈坐姿于方形台座之上。左手放于膝上，掌心向上，手持一物；右手环于腹前，掌心向上，手握一物，已风化。残高 0.72 米，宽 0.32 米。

D1：4，佛像残，头部缺失，圆雕，青石质，着长袍。表面风化起粉，残高 0.7 米，宽 0.32 米。

2. 石柱础

位于玉皇殿遗址西侧，错列分步，位置已移动。

D1：5，为三层垒叠而成，下层为方形，中间为六面形，上层为圆鼓形，通高 0.37 米，直径 0.28 米。

D1：6，为二层垒叠而成，下层为五边形，每面开浅龛，上层为圆鼓形，底部有圆珠纹。通高 0.47 米，直径 0.28 米。

D1：7，为三层垒叠而成，下层为方形，中间为六面形，三面开浅龛，浅浮雕麒麟、青牛等图案，上层为圆鼓形，已被凿掉大部。残高 0.46 米，直径 0.37 米。

3. 石狮

位于山门遗址处，倒卧于泥土之上，狮身已残，圆雕，青石质。石狮双眼圆睁，鼻扁平，口横张含绶带，下唇厚，颈下绕锦带，头胸宽度几乎相当，狮身鬣毛呈尖状下垂，双腿皆有旋螺纹饰。

祝寿寺石柱础

祝寿寺遗址

191

祝寿寺石柱础

祝寿寺石狮

祝寿寺佛像残件

法祖寺

一、寺院概况

法祖寺，位于巴南区丰盛镇桥湾村 3 社，始建年代不详。寺址坐东朝西，三面环山，背靠法祖寺冈，左接青龙茶坡冈，右邻白虎老营嘴冈，山形犹如座椅，寺院就坐落在这恰似座椅的风水宝地上。原古建筑群分左右长廊、厢房、亭台、膳院和天王、弥勒、金刚、三圣、大雄、玉皇六大主殿，加上文殊、普贤、地藏、川主、文昌、财神、灵官等十几座小殿，俗称"九重十八殿"。古建筑群雕梁画栋、巧夺天工，气势恢宏。历来香火鼎盛，朝神拜佛者络绎不绝。据村民回忆，在抗战时期，蒋介石曾在寺院避暑，接见川军抗战将领，并常与寺中高僧品茶论道，纵论天下事。

20 世纪 50 年代，"破四旧"之风在全国刮起，寺僧被迫还俗，寺庙佛像、经卷等文物被毁，建筑被村民占用，经逐年改扩建，旧貌全毁，现仅剩殿堂 1 间。

二、遗址概况

法祖寺遗址坐东朝西，海拔 483.2 米，东经 106°55′27″，北纬 29°32′14″。遗址现存寺院台基 4 进，东西长约 54 米，南北宽约 42 米，占地约 2268 平方米。寺院基址的特点是依山势修成"阶梯式"平台，逐级上升，西高东底，中轴线东西贯穿。

Ⅰ号台基位于遗址最西端，平面呈长方形，宽约 35 米，进深约 23 米。台基北端建有现代民居，南端、西端为苗圃，栽种有花木，东端地面为石板错缝平铺而成，宽 28 米，进深 16 米，条石南端边缘地面有三合土残迹。东端存 9 级台阶，相连于Ⅱ号台基，台阶宽 6.8 米。

Ⅱ号台基位于Ⅰ号台基上方，高于Ⅰ号台基 1.5 米。平面呈长方形，宽约 37 米，进深约 18 米，台基北端建有现代民居，南端为苗圃，栽种有花木。地面已被破坏，堆满建筑材料。在西南发现有石柱础 4 件，等距分布。

Ⅲ号台基位于Ⅱ号台基上方，相连于Ⅱ号台基，高于Ⅱ号台基 1.85 米，由主体部分和附属部分组成。通宽 21 米，进深 5.3 米，西侧平面呈凸形。前端及左右两侧用条石砌筑，南端存台阶 10 级，宽 0.62 米，通向附属部分。地面被开耕为菜地，存水缸 1 件。南端台基边缘存石柱础 1 件。附属部分上现存建筑 1 间，面阔 18 米，进深 6.5 米，穿斗式结构，格扇门，门上部由龙头纹饰棂格拼成。建筑西墙接砖墙一面相连于Ⅳ号台基南端，墙上开券门。

Ⅳ号台基位于遗址最西端，高于Ⅲ号台基 0.55 米，宽 26 米，进深 17米，平面呈长方形，前端及左右两侧用条石砌筑，南端存台阶 9 级。台基前端坎壁上，开方形浅龛 8 个，其中 4 个分别阴刻楷书"万""善""同""归"。台基地面现为苗圃，栽种桂花树。

遗物发现有石柱础 5 件、石水缸 1 件，根据雕刻工艺判断应为清代遗物。

1. 石柱础

Ⅱ号台基南侧发现 4 件，形制相同，为两层垒叠，下层为方形，上层为六边形，础身每面开龛，内浮雕动物图案。顶端雕凿成半圆鼓形。高 0.42米，面宽 0.32 米。

Ⅲ号台基南侧发现 1 件，下层为方形，上层为六边形，顶端雕凿成半圆鼓形，高 0.40 米。

2. 石水缸

位于Ⅲ号台基中部，圆形，青石质，水缸外壁有长条形凿痕，高 1.2米，直径 0.58 米。

法祖寺遗址

法祖寺遗址柱础残件

法祖寺基址台基铭文

法祖寺基址台基铭文

法祖寺基址台基铭文

法祖寺基址台基铭文

法祖寺建筑遗址

法祖寺石柱础

法祖寺建筑遗址

官房寺

一、寺院概况

官房寺，位于巴南区丰盛镇油房村 2 社，始建年代不详。寺址位于村中土冈上，四周地势平坦，林木掩映，农舍毗邻，环境清幽，宛如世外桃源。据乡民陈渝清回忆，寺院原为四合院布局，木质建筑。有山门、戏楼、观音堂、文殊殿等建筑，有大小石刻、木雕佛像 100 多尊。寺院楼阁鳞次栉比，殿宇望衡。四方高僧、乡中文人墨客、骚人羽士常云游来访，络绎不绝。每年农历十月二十是文殊菩萨出家日，届时寺中要举办法会，寺外则演戏说书，四方客商自发在寺外交易，鼎盛一时。中华人民共和国成立前尚有寺僧 3 人住锡，长老和尚僧兴能、兴澄。寺院在长寿有多所脚庙。每年正月以后，老和尚兴澄即到各处脚庙巡游，到六月十九后才返回寺院。自建成以来，一直有兴办义学的传统。办学的经费来源于善男信女捐赠的灯油钱和乡绅的捐赠。寺院聘请有学问的举人、秀才任教，并动员贫寒人家送子上学。每年要招生 50 余名，依循惯例分为蒙班和经班，学费全免。教书先生的报酬从寺院置办的学田中支出。每逢开学第一天时，都要在文殊殿行祭祀仪式，这种仪式一直持续多年。

20 世纪 50 年代，寺院改为村小学，建筑经逐年改造后，面貌全失。遗址现存石碑 1 通，碑文详述官房寺捐资举办义学一事，对研究清代寺院文化，有重要的史料价值。

二、遗址概况

官房寺遗址坐北朝南，海拔 483 米，东经 106°55′32″，北纬 29°33′4″。遗址地表为现代建筑所覆盖，原建筑格局已不存。发现有石碑 2 通，佛像 1 尊，根据雕刻工艺及文字内容判断，均为清代遗物。

1. 佛像

位于油房小学大门东侧石阶旁。佛像残，圆雕，青石质，仅存上半身。肩覆云肩，腰系裙，帔帛自右臂环绕，表面已风化。残高 0.48 米，宽 0.36 米。

2. 石碑

（1）《龙泉义学碑记》

位于油房小学校内乒乓球台旁，青石质，上端减两角，阴刻楷书，高 1.68 米，宽 0.67 米，厚 0.25 米，碑文有风化，文字基本可识。

（2）石碑残件

位于油房小学大门外施工工地，已被村民打断为 9 截，经拼接后文字尚可辨识。石碑为青石质，阴刻楷书，残高 0.87 米，宽 0.72 米。

官房寺石碑残件

203

官房寺石碑拓片

官房寺石碑拓片

官房寺遗址

官房寺《龙泉义学碑》

官房寺佛像残件

官房寺佛像残件

九龙寺

一、寺院概况

九龙寺，位于巴南区丰盛镇桥湾村1社，始建年代不详。古寺坐落在九龙寺冈半山腰，前屏后障，左侍右卫，俗称"九龙聚会"之地。四周山冈重峦叠嶂，宛若朵朵莲花绽放，山间溪水清澈，音如琴声，松林似海，珍鸟奇花让人流连忘返。极目远眺连绵起伏的远山，令人心开意解，尘嚣顿消，可谓山清水秀的风水宝地。寺院原为四合院式布局，有天王殿、玉佛殿、观音殿、地藏殿、念佛堂、客堂、斋堂、寮房、东西厢房等殿堂楼宇。占地面积约15亩，建筑面积约1700平方米。传说寺院鼎盛时期有寺僧40多人住锡，每年要收谷租400多担。寺院供奉的观音菩萨有求皆应，远至南川等地的信众也常来朝拜。每逢"会期"，善男信女斋戒沐浴敲锣打鼓，燃烛焚香前来朝拜，游人如织，香火旺盛，远近闻名。

20世纪50年代"大跃进"时期，寺僧被逐，庙中佛像、经卷等文物被毁。寺院建筑成为乡政府驻地，后改为九龙寺小学。"文化大革命"中，乡民将寺宇建筑据为民居，被逐年拆除改建，内部结构改动较大。现寺院正殿、厢房因年久失修，房舍倾圮，仅剩残垣断壁。

二、遗址概况

九龙寺遗址坐北朝南，海拔532.6米，东经106°53′43″，北纬29°31′51″。遗址平面呈长方形，中轴线南北贯穿，对称布局。现存前殿、正殿、厢房。前殿面阔38米，进深15米，木结构，悬山顶，穿斗式梁架，台基高0.7米，下存台阶5级。山门开在前殿正中，门上加门头。正殿面阔43米，进深13米，木结构，悬山顶，抬梁穿斗混合式梁架，台基高1.2米，下存台阶6级。

　　遗物发现有石柱础 3 件，石碑 4 通，根据碑文记载内容，判定为清代遗物。

　　石碑分别位于山门两侧，嵌砌于墙身上，碑身保存完好，文字基本可识。

《九龙寺禁止碑序》拓片

《题九龙山祥云寺万平灯碑记》拓片

《历叙始终□志圣寿序》拓片

《永垂万古》碑拓片

九龙寺建筑遗址

《永垂万古》碑

《题九龙山祥云寺万平灯碑记》碑

九龙寺建筑遗址

九龙寺建筑遗址

《九龙寺禁止碑序》碑

九龙寺建筑遗址

九龙寺建筑遗址

九龙寺石柱础

九龙寺建筑遗址

221

九龙寺建筑遗址

九龙寺建筑遗址

灵官庙

一、寺院概况

灵官庙，位于巴南区丰盛镇黎坪村 1 社，始建于清嘉庆年间。寺址坐南朝北，后靠官山堡寨子，左邻尖堡岚垭，右接马柔湾冈。寺周沟深林茂，清泉碧溪，奇峰怪石，风光秀丽，自古就是佛、道信徒修身养性的佳境。据村民赖正龙回忆，寺院为三合院布局，土木结构建筑。有灵官殿、山王殿等建筑，有龛师 1 人住庙。寺庙虽面积不大，但建筑精巧，雕梁画栋。灵官殿里供有道家护法神王灵官石雕站像 1 座，高约 2 米，赤面虬须，威武凶猛。额上还雕有一只眼，三目圆睁，锯齿獠牙，虬须怒张，披甲执鞭，有震妖降魔之气魄。王灵官在道教神系中，是护法监坛之神，和佛教的韦驮相似。其貌红脸虬须朱发，三目怒视，金甲红袍，绿靴风带，左手掐灵官诀，右手执金鞭，足踏风火轮和祥云。据《明史·礼志》载："隆恩真君，则玉枢火府天将王灵官也。又尝从萨真君传符法。永乐中，以周思德能传灵官法，乃于禁城之西建天将庙及祖师殿。宣德中，改庙为大德观，封二真君。成化初，改观曰显灵宫。"从《明史》的记载可知，王灵官曾师从西蜀道士萨真君，受道符秘法。在永乐年间，有个名叫周思德的道士，因会王灵官的法术，而名声显赫于京师。此后，因永乐皇帝的推崇，王灵官地位开始显赫，许多地方也建有灵官庙供奉。民间传说中，王灵官司天上、人间纠察之职，统领百万神将神兵，能走火行风、穿山破石、飞腾云雾、祈晴祷雨、镇妖伏魔、至刚至勇。还能治病驱邪，收瘟摄毒，普救生灵，法力无边。在人间，所有违法乱纪、不忠不孝者他都要加以制裁。而在明、清之际，巴蜀佛、道庙宇中也多有其神像。

20 世纪 50 年代，寺院被毁。遗址现为开垦后的耕地，原建筑格局已无从考察。乡民在田间陆续掘出佛像残件收于一处并建殿堂供奉。

二、遗址概况

灵官庙遗址坐南朝北，海拔 452 米，东经 106°54′3″，北纬 29°30′21″。原寺院建筑在 20 世纪 50 年代"破四旧"时期被毁，地表现为开垦后的农田，发现有神像 1 尊，位于乡民新建殿堂内，为山王造像。根据雕刻工艺判断，应为清代遗物。神像残，双臂缺失，全身起青苔，圆雕，青石质。面部风化，仅识五官轮廓，可见前额方阔，双眼圆睁，颌下胡须下垂，上身似着软甲，胸前浅浮雕阴阳太极图饰，腰间疑系带。下身着裙甲，右腿上抬，跨于虎头之上，正面胯部无甲片，余部为鱼鳞状重叠甲片，可见有 8 层。裙甲最下层为素面，边缘呈缓弧形。坐骑为猛虎，雕饰简单，无威猛之姿，神态宛如家畜。

灵官庙远景

灵官庙遗址

灵官庙神像

兴福寺

一、寺院概况

兴福寺，位于巴南区丰盛镇双碑村4社，始建年代不详。寺址位于兴福寺冈上，后靠高岚垭冈，左邻三角岚垭冈。寺周青嶂叠起，古木参天，飞泉石桥，气象雄古，自古即是佛门高僧修身养性的宝地。据村民韦学良讲述，寺院为四合院布局，土木结构建筑。建有山门、大殿、二殿、藏经楼、钟鼓二楼、纯阳阁等殿堂。供奉有大小石雕、木刻佛像200多尊。整个寺院建筑协调、错落有致、气势磅礴，佛像塑技高超、栩栩如生，为世所罕见。20世纪40年代，尚有寺僧3人住锡。长老和尚为僧能胜，丰盛人氏。中华人民共和国成立初期，其徒弟去了重庆罗汉寺挂单，再也没返回。寺院庙产颇丰，每年要收租谷100多石。庙地在现双碑村和尚湾、塘湾、柿子湾、阴家坡、红申基等地。

20世纪50年代，"破四旧"时期，寺中佛像、法器等被毁。20世纪80年代初期尚存正殿、厢房等建筑，后被乡民陆续拆毁，遗址现仅存寺院基址2进。

二、遗址概况

兴福寺遗址坐东南向西北，海拔414.2米，东经106°53′18″，北纬29°31′25″。寺院遗址现存2进台基，东西长约48米，南北长约35米，占地面积约1680平方米。寺院基址的特点是顺山势建成"阶梯式"平台，中轴线东西贯穿，对称布局。

Ⅰ号台基位于遗址最西端，宽29米，进深21米，平面呈长方形。台基南端存墙基，宽0.7米，残高0.25～0.56米。东北侧发现有石柱础。

Ⅱ号台基位于Ⅰ号台基上方，前端及左右两侧均用条石垒砌，高于周围地表 1.6 米，西端中部开 9 级台阶，宽 4.5 米。地表现为新修的现代建筑，地面用水泥铺筑，原建筑格局已不存，台基北侧发现有石柱础。

遗物发现有石柱础 3 件、石碑 1 通，根据碑文记载的内容判断，应为清代遗物。

1. 石柱础

Ⅰ号台基东北侧发现 1 件，础身布满苔藓，由三层垒叠。下层为方形，中间为六边形，上层为圆鼓形，鼓形顶端有连珠纹饰。通高 0.42 米，直径 0.37 米。

Ⅱ号台基北侧前端发现有 2 件，形制不同，并排而列，现分别介绍。柱础一，为二层垒叠，下层为六边形，上层为圆鼓形，有连珠纹饰，高 0.37 米，直径 0.32 米。柱础二，为二层垒叠，础身布满苔藓，下层为方形，上层为六边形，高 0.46 米，顶端表面被凿成圆形孔径，深 0.20 米，直径 0.24 米。

2.《木本水源》碑

位于遗址北侧约 60 米处，立于地面，村民筑有碑亭遮盖，青石质，高 2.04 米，宽 0.83 米，厚 0.22 米，碑首阴刻楷书"木本水源"，碑身保存完好，碑文基本可识。

兴福寺遗址台基

兴福寺《木本水源》碑拓片

兴福寺遗址

兴福寺遗址石柱础

兴福寺遗址石柱础

兴福寺《木本水源》碑

兴福寺遗址

紫云寺

一、寺院概况

紫云寺，位于巴南区丰盛镇街村 3 社。据民国《巴县志》卷二《寺观》载，清雍正二年重建寺院，1930 年僧普经重修上殿。寺址位于铁瓦寺大山脚，依山而建。寺周苍松劲立，野竹环抱，犹如人间仙境。相传古有高僧云游至此，见有"紫气缭绕""紫云映日"之瑞，知为福地，故建寺以"紫云寺"名之。寺宇规模宏大，有祖师殿、观音殿、大佛殿、关帝殿、玉皇殿、财神殿、藏经阁等建筑。殿堂全用木梁木柱，雕梁画栋，工艺精湛。供奉佛像栩栩如生，常年香火不断。据村民张福生讲述，曾听家里老人谈过，以前寺院的主持和尚谓寺院始建于明嘉靖年间，在清代至民国前期，曾经屡建屡毁，多次修复，香火仍然旺盛。1947 年，寺院建筑再遇火焚，大火烧了三天三夜才被扑灭。1949 年初重修下殿。新中国成立后，在"破四旧"的浪潮下，庙宇皆蒙厄运，香火中断，僧众星散。遗址现存建筑已改为民居。

二、遗址概况

紫云寺遗址坐东朝西，海拔 613.6 米，东经 106°56′46″，北纬 29°32′43″。遗址东西长约 48 米，南北宽约 42 米，占地约 2016 平方米，现存正殿、祖师殿。正殿面阔 13 米，进深 12 米，穿斗式结构，悬山顶，带前廊，南、北侧各存 7 级台阶，台基高 1.2 米。祖师殿面阔 23 米，进深 13 米，穿斗式结构，西墙正门右侧嵌砌石碑 1 块。

遗物发现有石碑 2 通，石柱础 8 件，根据碑文内容记载，判断为清代遗物。

1. 石柱础

位于祖师殿廊下 3 件，正殿廊下 3 件，遗址南侧民居院中 2 件，形制相同，为二层重叠而成，黄砂岩质，下层为六边形，上层为圆鼓形。高 0.46 米，直径 0.37 米。

2. 石碑

《阿弥陀佛》碑，嵌砌于祖师殿西墙正门右侧墙身中，石碑呈长方形，青石质，阴刻楷书，高 1.3 米，宽 0.62 米，厚 0.21 米，碑面保存较好。

紫云寺《阿弥陀佛》碑拓片

235

　　《今古相传》碑，位于遗址西侧废弃民居北墙角，石碑呈长方形，黄砂岩质，右上端缺角，下部残，宽 0.78 米，残高 0.62 米，厚 0.20 米，碑面风化，碑文基本可识。

紫云寺《今古相传》碑拓片

紫云寺遗址石柱础

紫云寺《阿弥陀佛》碑

紫云寺《今古相传》碑

紫云寺遗址石柱础

紫云寺遗址

福寿寺

一、寺院概况

福寿寺,位于巴南区惠民镇龙凤村小康生产队,始建年代不详。寺址坐北朝南,临河而建。原为三合院布局,石木结构建筑。据村民徐世极回忆,寺院原有观音殿、药王殿、牛王殿等殿宇,供奉有药王、观音、玉皇、牛王、川主等大小 50 多尊石刻神佛塑像,有寺僧 1 人住锡。寺前有河,名为花天河。自南彭忠兴场发源流淌而下,在寺前蜿蜒而过,又流向迎龙镇,最后注入长江。河流平时轻盈流畅,碧波荡漾。每遇夏季山洪频繁,河水暴涨,激流跌宕,两岸村民出行中断,老幼妇孺常有溺亡。寺僧慈悲,募资兴修石桥,方便过往商旅,济度世间,石桥曾三毁三建,村民感其恩,取桥名"福寿桥"。20 世纪 50 年代,"大炼钢铁"时期,寺院被拆毁,寺僧亦不知所踪。1998 年,乡间信众募资在原寺址重修殿堂一间,重续香火。

二、遗址概况

福寿寺遗址坐北朝南,海拔 248.8 米,东经 106°41′25″,北纬 29°27′44″。寺院为现代建筑所覆盖,原寺庙建筑格局已不存。发现有六面柱 1 根,青石质,高 1.13 米,直径 0.49 米。一面有浮雕观音菩萨像,两面有铭文,阴刻楷书,柱体表面已被村民刷金。浮雕土地公造像 1 块,青石质。根据雕刻工艺判断,应为清代遗物。

1. 土地公造像

位于村民新建殿堂内,青石质,高 0.70 米,宽 0.73 米。高浮雕土地公、土地婆造像表面已被刷金。土地公头戴幞帽,长须下垂于胸前,面部风化,左臂残缺,长袍垫于台座之上,台坐上可见长袍下摆下垂,内衣敞开,袒胸露脐,左脚搭于右膝之上,呈坐姿于台座之上,左手扶于土地婆右脚之上。土地婆面部风化，双目、嘴部疑为现代补凿，身躯风化，可见右脚搭于左膝上，左手搭在土地公右臂之上。整尊造型虽然比例失调，但诙谐生动，极富地域特色和想象力。土地公高 0.60 米，宽 0.24 米，土地婆高 0.56 米，宽 0.24 米。

2. 六面柱

位于村民新建殿堂内，正面开浅龛，浮雕观音菩萨像，龛上方阴刻楷书"普陀岩"。观音菩萨头绾发髻，低发际线，双眼细小，鼻梁宽、鼻翼阔，双唇微闭，下颌、腮部浑圆，比例已失调。身披长巾，腰系长裙，双手于腹前合拢，手捧净瓶，结跏趺坐于仰瓣莲座之上，莲座呈倒三角形。观音像两侧柱面有铭文，阴刻楷书，文字基本可识。

福寿寺《普陀碑记》拓片

福寿寺遗址

福寿寺古桥

普陀岩碑

普陀岩碑

浮雕观世音造像

浮雕土地造像

孝亲寺

一、寺院概况

孝亲寺，位于巴南区惠民镇显灵村四坝子社，始建年代不详。寺址坐北朝南，左邻太和梁，右靠沽家山杉树咀。寺周山林苍翠，景色清幽，远处奇山兀立，群山连亘，苍翠峭拔，云遮雾绕，气象万千，令人有出尘之感。寺院旧为四合院布局，木质建筑。据村民回忆，原有天王殿、大雄宝殿、关圣殿、钟鼓楼、东西配殿等建筑。整个寺庙布局严谨，殿堂、楼阁主次分明、错落有致。大雄宝殿正中供奉高约 3 米的石刻释迦牟尼金身坐像，左阿难，右迦叶侍立两侧。殿堂两边分列十八罗汉，背靠释迦佛的是一尊木雕千手观音像。传说孝亲寺在历史上曾数罹劫难，但屡毁屡建，一直香火绵延。为惠民镇信佛弟子朝礼之胜地，曾与太和山中的天星寺、一品场上的回龙寺齐名。

每年的农历五月十三，寺院举办"关帝会"，香火极盛。会期前一月，各乡会首即聚于寺中。先由会首、乡绅组成理事会，为首者称"首事"，又有"副首事"多名，负责筹集经费及各项准备工作。钱粮募集到位后，要在寺前的开阔地搭建戏台、神坛。庙会第一天，要将关圣帝君神像请（轿抬）到神坛上，照例要举办祭祀关帝的仪式。先由"首事"宣读祝文，然后由寺僧焚香、诵经、上表、望表（焚烧祭文）。祭祀仪式结束后，早已等候多时的朝拜者，开始排队上香礼拜，祈求国泰民安、风调雨顺、五谷丰登、阖家平安。期间还从重庆城请来戏班，演古装戏给关圣帝君看。开锣一演就连续几天几夜，让来朝拜的信众大饱眼福。庙会的最后一天，关圣帝君巡乡，即到附近各乡村中巡游，目的是驱邪伏魔，保佑平安。是日关圣帝君神像坐在轿中启程，前有锣鼓开道，后有戏班组织的舞狮队及化装的古装戏剧人物等跟随，如观音菩萨、金童玉女、过海八仙、唐僧师徒等。巡游的队伍一路锣鼓喧天，鞭炮声不断，队伍长达数百米。各村的会首早已组织村民在固定的地点搭好神台摆好香案。当关圣帝君降临某处时，该会首即率其所辖村民跪接圣驾，礼拜上香，献上贡品，诵读表文，祈求圣恩庇佑，户户平安，添丁发财。然后巡游的队伍又启程前往下一处。整个庙会期间，人流如潮，声势浩大，尤其是"巡乡日"更是人山人海，热闹非凡。

20世纪50年代，寺院遭到毁灭性的破坏，寺僧四散，寺庙屋宇全被改为村小学使用。1983年，寺院建筑被拆毁，改建为现代砖混建筑，古寺从此匿迹。

二、遗址概况

孝亲寺遗址坐北朝南，海拔317.4米，东经106°45′10″，北纬29°24′49″。寺院基址上已为现代建筑所覆盖，原寺院建筑格局已经不存。寺址南侧400米农田边发现有佛像残件2尊，根据雕刻工艺判断，应为清代遗物。编号D1：1、D1：2。

D1：1，佛像残，圆雕，青石质，头、臂、腿部均残缺。身着甲胄，外披袍，呈坐姿于方形台座之上。残高0.89米，宽0.66米。

D1：2，佛像残，圆雕，青石质，头、臂部均残缺。袒露上身，呈坐姿于方形台座之上。残高0.48米，宽0.28米。

孝亲寺遗址

佛像残件

佛像残件

玉皇观

一、寺院概况

　　玉皇观，位于巴南区惠民镇沙井村玉皇社，始建于清乾隆年间。寺址后靠桥坪山，前临永兴场梁子，左邻广福寺大山，坐南朝北，四合院布局，土木结构建筑。据村民冯光云回忆，寺院曾有三进大殿，有山门、钟鼓楼、玉皇殿、观音殿、东西厢房等建筑。寺周全是参天的百年古树，殿阁隐于郁郁葱葱的苍松古柏之中。殿宇飞檐画栋、金碧辉煌，气派非凡。玉皇观自建成后一直香火鼎盛。每年阴历正月初九、二月十九、六月十九、九月十九香会日期，香客带着香烛、供品、鞭炮等物，袖扎红绳，数以千计涌向玉皇观朝拜。祈祷玉皇大帝保佑人们延年益寿，五谷丰登。在中华人民共和国成立初时尚有寺僧 2 人住锡，属南彭月华寺的脚庙。玉帝源于上古的天帝崇拜。殷商时期，人们称最高神为帝，或天帝、上帝，这是一位支配天上、地下、文武仙卿的大神。后世统治者利用天帝崇拜，鼓吹"君权神授"，极力宣称自己是天帝的儿子，故称"天子"。东汉后期，道教产生，道徒们便把天帝请了进来，让他当了神仙界的皇帝。玉皇大帝是道教中高级神祇之一，地位仅次于三清尊神。但在世俗的观念中，玉皇大帝却是中国最高的神祇，是众神之王。在明、清之际的巴蜀乡间，无论是佛寺或是道观，多修建有玉皇殿，以供信众朝拜。

　　20 世纪 50 年代，"破四旧"之风兴起，寺宇被村民据为民居。20 世纪 80 年代，残存的寺院建筑被村民拆毁。

二、遗址概况

　　玉皇观遗址坐南朝北，海拔 286.1 米，东经 106°42′4″，北纬 29°27′40″。基址平面呈长方形，南北长约 38 米，东西宽约 24 米。原建筑沿中轴南北纵列，左右对称，下殿基址上已建有现代民居，现存上殿、厢房。上殿大部分已被拆毁，殿内地面有三合土残迹，南墙底部残留有凹槽，宽 0.14～0.20 米，深 0.07 米。上殿基址北侧残存石条匝边。殿内地表现为杂草覆盖。现存建筑面阔 4.1 米，进深 14.9 米，高 6.2 米，穿斗式结构，悬山顶，殿内发现石碑 1 块。厢房面阔 5.4 米，进深 4.3 米，穿斗式结构，悬山顶，青瓦覆顶。

遗物发现有柱础 2 件，石碑 1 通，题刻 1 处，根据造型及文字内容记载，均为清代遗物。

1. 柱础

位于上殿基址东侧树丛中，两件形制相同，错列分布。柱础为方形，顶端打凿成半圆鼓形，高 0.45 米，宽 0.42 米。

2. 题刻

位于上殿基址南侧 30 米处，有石柱被嵌砌于民居围墙中，可识文字为"满眼云山秀"；距寺址西侧 300 米处，有石柱嵌砌于民居围墙中，可识文字为"法灯象宛然优钵依犹在"。

3. 石碑

（1）《补修界畔碑记》

位于上殿基址西侧 30 米处，民居室内地面，黄砂岩石质。仅存半截，碑阳朝上，被四根钢筋牢牢的钉于地面。残高 0.95 米，宽 0.91 米，仅少数文字可识。

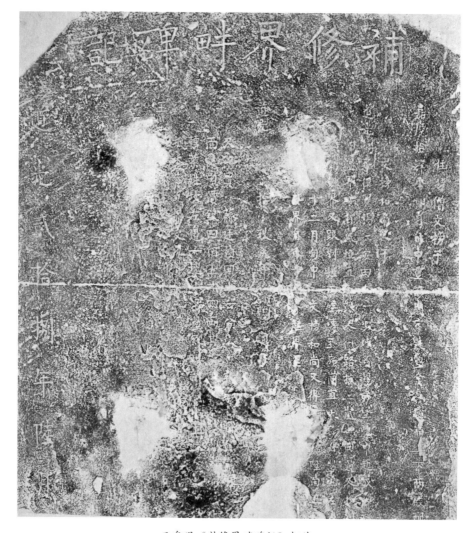

玉皇观《补修界畔碑记》拓片

（2）《重修殿宇碑记》

位于上殿内，被嵌砌于西墙上，青石质，阴刻楷书，高 1.5 米，宽 0.92 米，有"皇清乾隆四十二年岁次丁酉季春月□□□主持僧□文徒如林□山"字样。

玉皇观《重修殿宇碑记》拓片

玉皇观《补修界畔碑记》

玉皇观《重修殿宇碑记》

玉皇观遗址题刻残件

玉皇观建筑遗址

玉皇观建筑遗址

玉皇观建筑遗址

玉皇观遗址石柱础

徐家庙

一、寺院概况

徐家庙，位于姜家镇蔡家寺村垭口社，始建年代不详。寺址位于徐家庙冈顶，坐南朝北，面向天井坪，左邻官山，右接大湾，占地面积约 1300 平方米。寺址周围有九个蜿蜒的山冈朝向庙址，俗称"九龙捧圣"。站在冈顶，极目远眺，周围群山蜿蜒，层峦叠翠，田野村庄，在霭霭云雾中隐约可见，如诗如画，似幻似真。环顾四周，林木葱郁，果树飘香，令人心旷神怡，浑然忘我。相传在清代光绪年间，有徐姓富绅，祖上自贵州移民落户垭口社后，已经传至四世，虽家境富裕，虔诚礼佛，但已到知天命之年尚无子嗣。一晚偶得一梦：见观音菩萨双手抱着一个男孩，足踏莲台而至，对他说："徐氏祖上积德行善，捐资建庙，神灵护佑，该子孙发达，人丁兴旺。吾将金童赐予你，承宗继嗣，以解你无嗣之忧。"富绅忙双手接过男童，正欲叩拜谢恩，观音菩萨已飘然而去，不见踪影，醒来竟是南柯一梦。次日将梦见观音菩萨显圣，喜得贵子之事告知发妻余氏。其妻笑曰："这一定是观音菩萨给我们送子来了，我今已年逾四十，恐无法生育了。如菩萨真能保佑我们香火不断，我们给观音菩萨塑金身，供世人敬奉，以谢神恩。"次年徐家果添一男丁，为感菩萨恩德，捐资修建了这座庙宇，乡人皆称其为"徐家庙"。寺庙旧为四合院布局，有二重院落，木质建筑。20 世纪 30 年代尚有寺僧 2 人住锡。有山门殿、大雄宝殿、观音殿、三圣殿、念佛堂、川主殿等殿宇 50 多间。院内曲径回廊，花木葱茏，一步一景，幽雅清静，晨钟暮鼓，香火兴旺。殿内供奉观音、文殊、普贤、地藏、川主、龙神、牛王等石雕佛像 100 多尊，法相庄严，栩栩如生。每年农历二月十九观音圣诞，各乡信众云集于此，人山人海，历来香火鼎盛，朝神拜佛者络绎不绝。1935 年前后，因"庙产兴学"，部分建筑被改作"仁义保第四保学校"。20 世纪 50 年代，寺院被人为停止了宗教活动，改作村小学使用。"文化大革命"期间，百年古刹亦难逃浩劫，经书被焚，法器遭劫，大小石雕佛像毁损殆尽。"文化大革命"后，村民将寺庙废墟辟为田园，从此百年古刹再难寻踪迹。

二、遗址概况

徐家庙遗址坐南朝北，海拔 380.8 米，东经 106°48′19″，北纬 29°20′25″。遗址地表现为灌木所掩盖，原建筑格局已不存。发现有佛像残件一尊，黄砂岩质，圆雕，头部残缺，颈部有现代水泥接痕，残高 0.87 米，宽 0.37 米。着广袖长袍，呈坐姿于方形台座之上，双膝分开略宽于肩，双脚着履，仅露出鞋尖，双臂下垂，曲肘合于腹前，手部残缺。根据雕刻造型判定为清代作品。

徐家庙佛像残件

徐家庙远景

徐家庙遗址

安灵寺

一、寺院概况

安灵寺，又名安灵庙，位于接龙镇碑垭村街新社，始建年代不详。寺址原位于飞崖洞，依洞而建。20 世纪 80 年代，因修建重庆到南川的高速公路，遗址被毁。据村民回忆，以前在还没有修建高速公路，山体未被破坏之前，从远处看，飞崖洞上的几层山峦重叠出的轮廓犹如平躺着的观音，从发髻到身躯，惟妙惟肖，栩栩如生。传说在清朝同治辛未年夏，有一日忽然狂风暴雨，雷鸣电闪，山崩地裂。暴雨过后，山中一个岩洞石壁上竟显现出了一尊观音圣像，消息传开，四乡的信众皆蜂拥而至朝拜。大家都相信观音菩萨踏着风雨雷电来到人间显圣。而去朝拜过圣像的信众，当年家中有添子嗣的都是双胞胎。经历此种奇异之事，附近的乡民更加确信冥冥之中有神灵在保佑，是观音菩萨下凡显圣的福瑞。此后来祈福的信众络绎不绝，人们坚信在洞中有吉祥和富贵之气。遂募资在洞口的右边石壁刻上"观音岩"三个大字，在洞内还塑有送子观音、千手观音圣像。原石窟内圣像左侧岩壁有题记，有村民尚能回忆题记上所刻的年份为清朝同治辛未年，即 1871 年，至今已有逾百年的历史。洞外依崖而建有单殿式木质建筑一间，供有泥塑韦驮神像 1 尊。20 世纪 50 年代"破四旧"时期，寺庙被毁。当地信众曾将部分佛像背去山林中隐藏。20 世纪 80 年代重修寺院时将这些佛像请出供奉，近年来曾被不肖之徒盗卖，损失严重。寺庙现为易址重建，占地约 800 平方米，建有砖混结构殿堂 1 间，四周以砖墙相围。供奉有西方三圣、十八罗汉、观音菩萨、土地公等神佛塑像。寺庙经逐年修葺，面貌已焕然一新。每年观音会期，乡中会首要募资操办七天的法会，香火之盛远近有名。

二、遗址概况

安灵寺遗址坐西向东,海拔355.5米,东经106°44′34″,北纬29°16′54″。原寺址因修建高速公路被破坏,后乡民在距原寺址西侧约300米处山崖下重修殿堂,接续香火。发现有高浮雕土地公造像1尊,根据雕刻工艺判断,应为民国年间作品。造像为红砂岩质,土地公、土地婆并列而坐,间距0.23米。土地公戴帽,着长袍,腰系带,呈坐姿,高0.46米,宽0.32米。土地婆头梳发髻,上身着衫,下身着裤,呈坐姿,高0.41米,宽0.37米。整尊造像工艺粗糙,面部表情呆滞。另有石雕残件1件,红砂岩质,疑为坐像之腿部,残高0.35米,宽0.41米。

安灵寺土地公造像

安灵寺佛像残件

八角庙

一、寺院概况

八角庙，位于接龙镇观塘村盐硝井社，始建年代不详。寺址坐北朝南，位于八角庙冈山顶，面向鱼望天冈，后靠菩萨沟，左邻中堡冈，右接申基湾。寺周林木耸翠，深荫翳日，风光旖旎。山顶有株百年黄桷树，树高约30米，树冠约20米，树身需要5个成年人手牵手方可绕树一周。远看壮观雄伟，犹如一把巨伞，遮天蔽日。近观树身枝干苍老粗壮，枝繁叶茂，树叶浓密，片片亮绿，苍翠之中见沧桑。粗大的树根盘根错节裸露在外，牢牢"趴"在堆砌的"墙基"上，由于年代久远，石头、树藤和树干绞在一起，当地人称为"树包石"或"石包树"。据乡民刘大华讲述，这棵黄桷树树龄在三百年以上，相传为寺庙的开山祖师所栽。寺院旧时为观塘镇出名的大庙，有寺僧5人住锡。建筑依山而建，按中轴南北纵列，逐殿高升。沿山门拾级而上，为天王殿、大雄宝殿、观音殿三重大殿。山顶为玉皇阁，木质结构，高约10米，共3层，阁身呈八边形，层层逐檐上收。第二、三层分设八只亭角，上下檐之角互相对应。八个角的飞檐上各悬铁铃，微风吹动，叮当作响。殿内供奉有玉皇大帝、川主、灵官、梅山老母等10余尊木雕神像。寺院每年会期不断，规模较大的会期就要举办六次，如观音会、玉皇会、川主会、药王会、财神会、真武会等。每逢会期前一月，各乡会首即聚在寺中同寺僧一起议事，商定会期日程，而后各自分头募化钱粮。庙会开始的那天，香客们从各处赶来朝拜，远的从綦江、南川前来。也有来自重庆城区、丰盛、一品、木洞、跳石等地的信众，来此烧香者络绎不绝。寺院要办一百多桌素宴，招待前来上香的信众，用餐一律不收钱。香客们都是吃流水席，一批香客用餐结束，另一批信众接着又落座，忙而不乱。一日三餐都是大米饭，水煮罗汉菜。办庙会的传统延续到中华人民共和国成立后，直至寺庙被毁才中断。

中华人民共和国成立后，寺院被改为学校使用，"文化大革命"中佛像、法器、经卷等悉数被毁。寺院建筑因学校的改扩建逐年被拆毁，在寺址上又新修了现代校舍，古寺从此仅存乡间记忆。

二、遗址概况

八角庙遗址坐北朝南，海拔 434.7 米，东经 106°49′19″，北纬 29°19′21″。寺院遗迹地表现已为现代校舍所覆盖，原建筑格局已不存。发现有石雕佛像 1 尊，位于遗址南侧黄桷树下。根据雕刻工艺判断，应为清代遗物。佛像为黄砂岩质，圆雕，表面帖金已起壳脱落，高 0.74 米，宽 0.41 米。头戴冠，广额隆鼻，鼻翼阔，弧形眉，眼尾斜长，双眼已风化，可见上眼睑较阔，双唇较阔，嘴角微上扬，下颚、腮部丰满。身着袈裟，呈结跏趺坐姿于基座之上，右足在上，左足在下，右掌立于胸前，施无畏印，手腕处外翻衣角搭于右膝外侧，左手置于右足之上，已风化，可见手捧净瓶。刻工质朴浑厚，技法娴熟。

八角庙遗址

八角庙遗址

八角庙佛像残件

八角庙遗址

玉皇观

一、寺院概况

玉皇观，位于接龙镇柴坝村新农湾社，始建年代不详。寺址原位于当地称为庙坝的山冈上，面向雁家山，山冈四周俱是平地。每当蓝天白云的晴天，伫立山顶，远眺群山蜿蜒起伏，气象万千。当风起云涌之时，耳畔但闻习习风声，时有云雾扑面而来，飞渡而去，令人心旷神怡。乡间传说，寺庙本为接龙场上远近闻名的大庙。建筑依山而建，有大雄宝殿、玉皇殿、白衣阁、天王殿、八仙阁、川主殿、关圣殿、灵官殿等殿堂，号称九重十八殿，极盛一时。20 世纪 30 年代末，不知何故寺庙突然衰落。至中华人民共和国成立初期，院基已被辟为田园。乡中长者也仅听长辈谈及昔日庙宇盛况，少有目睹。1993 年，村中李清美老人与乡中信众在冈顶掘出古佛像 10 余尊，募资移址于玉皇山腰岩壁下建了座小庙，此后四方香客慕名而来，香火渐旺。

二、遗址概况

玉皇观遗址坐西向东，海拔 510.5 米，东经 106°45′37″，北纬 29°11′14″。遗址地表现为开垦后的耕地，原寺院建筑格局已不存。据寺址南侧约 300 米处崖壁下，发现神像残件 5 尊，并排而列，为原寺院旧物。根据雕刻工艺及造型判断，应为清代遗物。编号 D1：1、D1：2、D1：3、D1：4、D1：5。

D1：1，神像为圆雕，红砂岩质，表面已风化起壳脱落，高 1.02 米，宽 0.52 米。头戴圆帽，方额广颐，面目风化，仅可识其轮廓，比例均称，下颌有扇状胡须下垂至胸，身着长袍呈坐姿于方形台座之上。双手于膝上合拢，已残缺。

D1：2，神像为圆雕，红砂岩质，表面已风化、酥粉，仅可识其轮廓，高 1.02 米，宽 0.52 米。头戴圆帽，颈下疑为缯带下垂于胸，面目风化，唇鼻之间似有八字胡须。身着圆领宽袖长袍，呈坐姿于方形台座之上，右手在胸前执一笔状物，左手亦在胸前持一书册状物。

D1：3，神像为圆雕，红砂岩质，表面风化，高 0.95 米，宽 0.41 米。头戴宝冠，发际线平，系冠，缯带下垂于胸前，面目风化，可识脸颊丰腴。着圆领长衣，肩缚云肩，袖手合于胸前，捧一婴童。

D1：4，神像为圆雕，红砂岩质，表面已起层脱落，高 0.71 米，宽 0.35 米。头挽发髻，面相方圆，神情静穆端庄，着圆领宽袖长袍，腰间系带，双手于腹前合拢，手部风化不可辨识，广袖下垂。

D1：5，神像为圆雕，红砂岩质，高 1.02 米，宽 0.51 米。头戴圆顶高帽，着圆领广袖袍服，双手在胸前捧朝笏，大袖下垂，呈坐姿于方形台座之上，恭敬严肃。

玉皇观遗址佛像残件

273

玉皇观遗址石雕佛像

玉皇观遗址石雕佛像

玉皇观遗址石雕佛像

玉皇观遗址外景

玉皇观遗址外景

山王庙

一、寺院概况

山王庙，位于接龙镇柴坝村7社，始建年代不详。寺庙为单殿式土木结构建筑。所祀奉的主神为山王和灶王神，旧有龛师1人护持。当地民间有供奉灶王神的习俗。每年的农历十二月二十四晚上，家家户户要焚香奉祀灶君，祭祀灶君多用红糖、炒米糖、花生糖、红薯糖等糖果和糯米饭之类供品。还要备清茶三杯，以冀塞住灶神之口，不讲人间罪恶，世称"上天言好事，下界保平安"。传说这一天，灶神要上天向天帝报告这一年的人间功过。人们要为灶王爷摆上供品，供上好吃好喝的。奉祀灶君禁忌颇多，每户人家不能用灶火点香，不得将刀斧等刀具置于灶上，不得在灶前讲怪话、发牢骚、哭泣、呼唤、唱歌，不得将污脏之物送入灶内燃烧，等等。灶神是中国民间信仰最普遍的神祇，灶神之职是主管人间的饮食制作，同时又有监察人间罪恶，掌握一家寿夭祸福的职能。奉祀灶神的习俗产生于远古时人们对火的自然崇拜。在秦代以前，祭灶就已成为国家祀典的"七祀"之一了。汉代，祭灶又被列为大夫"五祀"之一，并且灶神也被人格化。到了清代，皇帝每年要在坤宁宫内大祭灶神，同时安设天、地神位，在神位前行九拜礼，以迎新年福禧。祭灶这天，坤宁宫设供案，安放神牌，神牌前安放香烛供品。也如民间一样，在灶君临升天汇报工作前，用粘糖封住嘴，以防他在天帝面前胡说八道。旧时有所谓"官三民四船家五"的说法，也就是官府在腊月二十三日，一般民家在二十四日，水上人家则为二十五日举行祭灶。在巴蜀乡间，人们更直接在神庙里设置灶神香位日日供奉。

20世纪50年代，寺庙毁于"破四旧"时期。1986年，村中善信又募资在原寺址处重建殿堂一间，再续香火。

二、遗址概况

山王庙遗址坐西向东,海拔 574.3 米,东经 106°48′0″,北纬 29°23′24″。遗址现存石窟造像 2 龛、神像 1 尊,根据雕刻造型及乡民描述,判断为民国年间作品。

001 窟位于遗址西侧岩壁之上,形制为长方形单层龛,宽 0.66 米,高 1.03 米,进深 0.12 米,神像身高 0.86 米,宽 0.47 米,半圆形龛楣,龛壁平,有点凿痕迹。神像头戴冠,眉弓上挑,双眼斜上扬,鼻翼较窄,双唇张开,细节刻画失真,颧骨高,下颌倒三角形胡须下垂。上身内着衫,外着鱼鳞纹甲衣,腰间系带,下身着裙,体壮硕。右手曲臂上扬,手持利刃,左手撑于左膝之上。双膝弯曲,骑在胯下猛兽之上,猛兽雕凿成温顺的家犬模样,反凸显神像的狰狞。整尊造像比例失调,细节刻画也很粗糙,但其人物造型实受民间戏曲人物形象影响,特别是人物形象的动态特征,摹写了戏曲表演动态姿势,另有一番韵味。

002 窟位于 001 窟右侧,间距 0.34 米,长方形单层龛,宽 0.46 米,高 0.42 米,进深 0.05 米,神像身高 0.35 米,宽 0.40 米,为土地公、土地婆造像,较为简单。

圆雕灶神造像 1 尊,黄砂岩质,通高 0.48 米,宽 0.26 米。头戴圆帽,面容瘦削,慈眉善目,身着右衽长袍,呈坐姿于方形台座之上。右手持拐杖拄地,左手扶于左膝之上。

山王庙遗址

山王庙遗址石窟造像

山王庙遗址灶王圆雕造像

大千寺

一、寺院概况

大千寺，又名千觉寺，位于接龙镇碑垭村楼房沟社。据民国《巴县志》卷二《寺观》载，始建于明万历二年，清乾隆三十二年、嘉庆二年重修。寺址位于千觉寺冈顶，坐西朝东，背靠庙杠山，面对刘家山。大千寺所在之处，四周群峰环拱，状似千叶莲花，而寺恰在花心上，好一派雄奇秀伟的景象。据村民回忆，寺院建筑依山而建，按中轴东西纵列，逐殿高升。有大雄宝殿、祖师殿、大士阁、寮房、藏经楼等佛殿禅房 60 余间，建筑面积 2000 余平方米。殿堂内供奉的佛像数以百计，而铜铸佛像就有 10 余尊，极盛一时。每逢佛诞日或初一、十五，来此朝神拜佛的善男信女，成千上万，络绎不绝，盛景极为壮观。20 世纪 30 年代，寺院尚有寺田 70 余亩，年收谷租 120 余石，有寺僧 17 人住锡。之后"庙产兴学"风潮兴起，寺产日渐减少。"大跃进"时期，寺院建筑被拆毁，寺周山林也遭砍伐，用以"大炼钢铁"。寺内佛像、经卷等文物悉数被毁，大千寺经此大劫也毁损殆尽，成为一片废墟。"文化大革命"后，乡民将寺址辟为农田，近年陆续有佛像残件等文物从田地间掘出。

二、遗址概况

大千寺遗址坐西向东，海拔 531.6 米，东经 106°43′54″，北纬 29°16′19″。遗址地表现状为开垦后的耕地，原寺院建筑格局已不存。近年乡民陆续在田间掘出佛像残件，收于一处供奉，根据雕刻工艺及造型判断，应为清代遗物。编号 D1：1、D1：2、D1：3、D1：4、D1：5。

D1：1，佛像残，仅存下身，黄砂岩质，残高 0.41 米，宽 0.35 米。可见长袍覆足，双足分开，立于方形台座之上，足部残缺，双足间衣袍上有浅浮雕垂带。

D1：2，佛像残，仅存上身，右腹部以下残缺，黄砂岩质，残高 0.37 米，宽 0.35 米。可见双肩下垂衣缘，可辨有胸饰，内着裙，腹上系带。

D1：3，位于 D1：2 下方，重叠而放。佛像残，仅存下身，黄砂岩质，残高 0.56 米，宽 0.30 米。呈坐姿于方形台座之上，袍长覆足，仅露出鞋尖。右手扶于膝上，掌指向下，广袖于手腕处外翻下垂。

D1：4，佛像残，仅存下身，黄砂岩质，残高 0.55 米，宽 0.30 米。呈坐姿于方形台座之上，袍长覆足，有巾状物下垂于双膝间。

D1：5，为石雕倚坐像，圆雕，高 0.57 米，宽 0.32 米。头戴圆覆形帽，面部五官写实，眉弓上扬，眼窝较深，眼睑较厚，球状瞳孔突出。鼻高，双唇闭合，鼻唇之间为八字胡须，双颊、下颌饱满，下颌有胡须垂至胸部。耳郭肥厚。外着右衽宽袖长袍，腰间系带，袍长覆足，露出平履。双臂于体侧屈肘，左手抚膝，手掌朝下，掌指向前。右手于膝上腰侧手握一长条状物。全身衣纹表现较少，臂部有重叠衣纹。整尊造像表情生动，人物神态活脱如生，整体比例适度。

大千寺遗址

大千寺遗址

大千寺遗址石雕佛像

大千寺遗址石雕佛像残件

大千寺遗址石雕佛像残件

大千寺遗址石雕佛像残件

山王庙

一、寺院概况

　　山王庙，位于接龙镇观塘村盐硝井组，始建于清同治年间。寺址位于菩萨沟冈山腰处，一条山泉从寺址东侧潺潺流过，在山脚处汇集成一个小水潭，天愈干旱而泉水愈旺。附近的盐硝井村、大尾村、古墓湾村皆用此山泉水饮用灌溉。山间林海苍茫，遮天蔽日，清泉潺潺，音如琴声，花木繁茂，百态千姿。登上山顶，举目四望，农家的炊烟、房舍、耕田、小路等历历在目，一派田园风光，似诗如画。相传很久以前，这里密林覆盖，虎豹毒虫出没，人迹罕至。山下有位孝子，翻山越岭到山中为久病不起的母亲寻药。走到这里时，正逢一处悬崖断壁，孝子不畏艰险，攀援而上。爬到半中间的时候，忽然眼前一阵发黑，一失足掉了下来。正在千钧一发之际，空中显出一神灵，胯骑猛虎，将其托住，放在山中平地上。孝子睁眼一看，只见这神仙袒胸露足，瞪目露齿，面目威武，于是纳头就拜。神仙也不理他，足胯猛虎腾空而去，此情景正好被路过的小牧童看见。人们都认为是山王菩萨显灵，为感山王显形救人性命的恩德，遂募资在此修建了山王殿。自建庙以来，每天都有众多的善男信女前来烧香膜拜，香客如云，香火旺盛。据乡民回忆，寺庙为单殿式木质结构建筑，上下两层，四角飞檐，梁坊上雕龙画凤，工艺精美，楼顶上饰有1米多高的葫芦形塔刹。殿堂中央为三尊高大塑像，山王菩萨居中，土地公、王灵官分列左右。山王造像高约2米，鎏金上彩，足踏猛虎，手挽毒蛇，威武勇猛，望之令人畏惧。据说以前的村民要上山采药、砍柴，或要出门远游，都要到庙里来给山王烧香叩头，可保路途平安。

　　20世纪50年代，寺院被毁，遗址现仅存石窟造像遗址。1996年，乡中信众募资在原址搭建木亭，并请匠师重塑神像，接续香火。

二、遗址概况

山王庙遗址坐北朝南，海拔 491.5 米，东经 106°48′37″，北纬 29°19′39″。遗址现存台基 1 进，长约 21 米，宽约 19 米，占地约 399 平方米。台基前端利用山包地势的险峻用石块垒砌，而后在台基上铺砌基石，修建殿堂。台基南侧则利用崖壁为依托，在壁上凿有孔洞搭建梁架。在西侧崖壁上发现有题刻、石窟造像遗迹，台基地面上发现有石雕刻，均为清代遗物。

1. 石雕刻

位于台基东侧地面，呈长方形匾额状，局部残缺、表面略有风化，黄砂岩质，长 1.04 米，高 0.26 米，厚 0.12 米，阴刻楷书"慈航普度"。从石条形状分析，应为石窟顶上的石额坊题刻。

山王庙"慈航普度"拓片

2. 崖壁题刻

位于台基西侧岩壁上，距地表 1.53 米，题刻呈长方形龛凿于崖壁上，布满苔藓，窟宽 0.44 米，进深 0.12 米，高 0.50 米。阴刻楷书，已漫漶不识，仅见有"同治十六年□□"数字。

3. 石窟造像

位于台基西侧岩壁上，距地表 0.52 米，为方形龛，下宽上窄，高 0.50 米，进深 0.12 米，龛壁有明显凿痕，仅存造像残迹，从残留轮廓判断原为土地公、土地婆造像。

观音堂

一、寺院概况

观音堂,位于接龙镇桂新村大庆社,始建年代不详。寺址位于接龙镇的最高峰石林岗鸡公嘴上,登高远望,山高境回,幽林别致,视野开阔,风光秀丽。山下的接龙镇尽收眼中,但见高楼耸立,街衢分明,历历在目。寺院旧为单殿式木质建筑,依山而建,有观音殿、龙王殿等殿宇。供奉观音、川主、龙王等圣像。传说以前寺院山门柱上雕有一对蟠龙,体态矫健,栩栩如生,常于夜间飞下门柱,到附近的农田偷吃秧苗。一日夜间,蟠龙又飞到附近农田活动,被早已隐藏在田坎下的村民发现,举起火铳便射,刹那间平地起一阵大风,蟠龙消失不见。村民循地上的斑斑血迹一路追踪来到庙门,只见门柱上的石雕蟠龙尾部缺掉一块,上面还有火药痕迹。寺中长老和尚得悉,赶紧叫徒弟下山到镇上的铁匠铺找来几颗大铁钉,将二龙钉在门柱上。从此四邻八乡的村民再也没受到侵扰。寺院每逢初一、十五要办庙会,届时接龙场上的香客要登山路一个多小时到此朝拜,络绎不绝,热闹非凡,历年不衰。20世纪50年代"大跃进"时期,寺庙建筑被拆毁用以"大炼钢铁",寺周山林也被砍伐殆尽,数百年古刹便成为一片废墟。现寺院遗址已被荆榛遮掩,原建筑格局不存。1998年,当地信众募资在距离原寺址东侧约100米处重建殿堂一间供奉残存的佛像,有信众撰联一幅刻于新建之神台上,曰:"住居南海岸,显应鸡公嘴。"遗址现存题记1处,阴刻楷书,刻于寺后的黄砂岩壁上。

二、遗址概况

观音堂遗址坐南朝北,海拔944.6米,东经106°44′5″,北纬29°15′11″。遗址地表现状为灌木所掩盖,原建筑格局已不存。1995年,当地信众募资在原寺址处建有殿堂一间供奉佛像。发现有题刻 1 处，佛像 1 尊，石柱础 1 件，根据雕刻工艺及造型判断，应为清代遗物。

题刻位于寺址南侧岩壁上，呈长方形，离地表约 1.76 米，题刻高 1.08 米，宽 0.74 米，碑文大部分漫漶，仅题刻首部有文字可识，为"□音堂□□碑记"。

佛像现位于村民新建殿堂内供奉，位置已移动，通高 0.61 米，身高 0.52 米，宽 0.23 米。头戴三面宝冠，眉弓较凸出，缓弧形，上眼睑较阔，鼻高而直，双唇线轮廓清晰。着广袖衣，双手在胸前合拢，被方形巾状物遮盖，捧一圆钵状物。披天衣，飘于头像后侧上方。台座为方形。佛像表面已被涂金。

石柱础位于遗址西侧约 50 米处草丛中，青石质，为两层垒叠，下层为方形，上层为圆鼓形，高 0.36 米，直径 0.31 米。

观音堂遗址山下寨门

观音堂遗址山下寨门

观音堂遗址

观音堂遗址

观音堂遗址石刻圆雕造像

观音庙

一、寺院概况

观音庙，位于接龙镇荷花村六阳社，始建年代不详。寺址位于观音岩山腰，依山而建。观音岩山峦耸峙，秀丽挺拔，山中古木参天，林木葱茏。远眺群山蜿蜒盘结逶迤而来，俯瞰荷花村阡陌纵横，溪流森森，景色宜人，一派幽雅适意的田园风光。旧时从接龙场到石滩张家坪的山道即从寺前穿过。自建庙以来，香火旺盛，远近前来烧香拜佛者甚众。据村民回忆，寺庙有二重殿堂，木质建筑，有尪师1人住庙。下殿供有土地公、土地婆、韦驮、灵官、川主等石雕神像。穿过下殿，沿石阶拾级而上就是正殿，有殿宇3间，正中奉有玉皇、观音塑像，牛王菩萨、眼光菩萨等神佛塑像分列两旁。左边厢房为尪师居所，右边一间堆放着香、蜡、纸钱等佛事用品。寺庙每年会期不断，以每年六月初三的庙会最为隆重。在会期之前，尪师照例要在佛像前诵经打卦，卜得吉时。而后委派各村会首募化钱粮，登记造册。六月初三吉时一到，尪师与请来的道士一起，在下殿的韦驮神像前先宣读表文。各村会首各一人手持引磬、手鼓、裆子等分列于下殿两边陪祭。随后尪师敬香、敬酒三杯、焚烧表文，行三拜九叩大礼，庙会正式开始。早已在庙门外等候多时的信众，开始蜂拥而入，在求神拜佛之后，还要在下殿外燃放鞭炮，祈祷神灵保佑风调雨顺、五谷丰登。观音庙六月初三庙会起源于何时已不可考，在佛教的节日里，六月初三是韦驮菩萨圣诞，庙会的渊源应该与此有关。韦驮菩萨是佛教的守护神。又作塞建陀天、私建陀天、犍陀天、建陀天、素健天，或作韦驮天、韦陀天。依我国佛教界所传，此神姓韦名琨，又称韦天将军。为南方增长天王手下八将之一，也是四天王三十二将中的首将。是僧团、寺院最著名的护法神。唐代的道宣说，韦将军系诸天之子，童真梵行，主领鬼神。在佛陀即将涅槃时，韦将军曾得到佛陀的嘱咐，以护持佛法。他对东、西、南三洲的佛法护持最力。有关佛教的争斗,他一得消息必定亲往弭平。对于魔子魔孙惑乱比丘之事,他也都及时奔赴,应机除魔。凡此种种,使天界的四天王对他都极为敬重,每次韦将军一到,天王都会起立相迎。

20世纪50年代,寺庙佛像被毁。龛师仍在庙中居住,直至1960年病逝。"文化大革命"中庙宇建筑被村民拆除。20世纪80年代,又有乡中信众在庙址处重塑佛像,接续香火。据民国《巴县志》载,"巴郡无里不山,无山不庙",经实地考察,方知古籍所载不虚。巴南区乡间寺观众多,传统佛教文化积淀深厚,确为人文荟萃之地。

二、遗址概况

观音庙坐东向西,海拔913.9米,东经106′52′9″,北纬29°13′52″。原寺庙建筑在"文化大革命"中被毁,1996年乡民募资在原址建有殿堂一间,并重塑有财神、观音、灵官、雷神等泥质塑像供奉。

观音庙远景

水口庙

一、寺院概况

水口庙,位于接龙镇荷花村六阳社,始建年代不详。寺址坐落在山清水秀的风水宝地之中,四周丘峦突兀,绿树幽深。寺前原有溪涧环绕,溪水清澈,终年奔流不息。20 世纪 60 年代,乡民围堤成潭,潭水澄澈如镜,久旱不涸,久雨不溢,堪称一奇。1973 年兴修公路时,从寺院下殿穿过,弃土倒入水潭之中,使洁净的潭水变成了现在的浑水坑。据村民回忆,寺庙旧有觋师 1 人住庙。建筑为四合院布局,坐东朝西,有二重殿。下殿正中供有石雕弥勒佛像,南、北侧佛台上分列木质川主、文昌造像。上殿奉有释迦佛金身泥塑像,十八罗汉陪侍两旁。两侧配殿分别供奉雷公、电母、坛神、灵官等神像。乡民有奉祀"坛神"的习俗,可消灾禳祸,人畜平安。坛神的称呼各地不一,有谓"五通神",有称"罗神"。《蜀语》载:"罗神,坛神名,主坛罗公,黑面,手持斧,吹角,设像于堂屋西北隅土尺许。"文中所述的坛神俨然是位能征善战的巴人形象。而据《云阳县志·风俗》载:"蜀民祀坛神,县人尤严奉之。三年两祀曰庆坛,有求而应则酬之曰还坛。其神在堂西隅,巫书赵侯、罗公。《蜀故》云:'赵为嘉定太守赵旭,罗则方士罗远山也。'"从志书的记载分析,坛神其实是民间信仰之巫术神灵。巴蜀地区自古即有巫鬼文化的传统,巫术活动也是纷繁复杂。蜀人常将石头作为厌胜的灵物来驱逐邪恶,震慑鬼怪。据《华阳国志》记载,李冰"外作石犀五头以压水精",以石镇水有镇邪驱恶的作用,在万物有灵的观念里,石头也是拥有巨大生命力的灵物。

据村民的描述,"坛神"为青石打造的石香炉状,无耳,坛身阴刻有青龙、猛虎等瑞兽图案。置于佛台上与神像并列,位置摆好后,就不能再轻易移动。逢年过节,初一、十五都要烧香上供。20 世纪 50 年代,寺庙佛像被毁。后修建公路时，下殿亦被拆毁。"文化大革命"中，寺宇建筑被夷为平地，古庙从此匿迹。

二、遗址概况

水口庙遗址坐东朝西，海拔 623.8 米，东经 106°51′33″，北纬 29°13′47″。遗址地表现状为竹林、稻田所覆盖，原寺院建筑格局已不存。发现有神像 2 尊，位于原寺院上殿处，并排而列。根据雕刻工艺判断，应为清代遗物。编号 D1：1、D1：2。

D1：1，神像残，头部、右手残缺，圆雕，青石质，着圆领窄袖长袍，腰系带，足穿靴，腰下有缯带下垂。

D1：2，神像残，头部、右臂、双腿部残缺，圆雕，青石质，左手曲肘于胸前，手持幞帽，下身处现腹沟。

水口庙佛像残件

水口庙佛像残件

金山寺

一、寺院概况

金山寺亦名金水寺，位于接龙镇塘边村长五间社，始建于明成化年间。寺址坐西朝东，位于金山寺梁子山腰处。左接中岗山，右邻道角沟，面向白岩梁子。金山寺旧为四合院布局，依山就势，山与寺融为一体，建筑雄伟壮观，雕梁画栋，金碧辉煌。旧有大雄宝殿、天王殿、藏经楼、念佛堂、方丈堂等殿宇。大殿内供释迦牟尼、阿弥陀佛和药师佛三尊塑像。两边是十八罗汉像，大佛背后是千手观音像。整座建筑以曲廊、回檐和石级相连。中华人民共和国成立前有寺僧2人住锡修行。20世纪50年代"破四旧"时期，寺庙被毁，寺僧被迫还俗。

二、遗址概况

金山寺遗址坐西朝东，海拔473.6米，东经106°47′27″，北纬29°13′37″。遗址东西长约48米，南北宽约35米，占地面积约1680平方米，平面呈长方形。现存下殿面阔24米，进深11米，砖混结构，穿斗式梁架，悬山顶。发现石碑2通，均嵌砌于墙上，碑身保存完好。右侧门楣上阴刻"德庇十方"。

金山寺"德庇十方"拓片

1. 《重修金水寺碑记》

嵌砌于下殿东墙右侧房门边。石碑呈长方形，青石质，左上端减去一角，阴刻楷书，长1.62米，宽0.64米，碑首阴刻"南无阿弥陀佛"，碑文部分文字可识。

2. 《补修金山寺碑》

嵌砌于下殿东墙左侧房门边，石碑呈长方形，碑首为半圆形，青石质，阴刻楷书，长1.48米，宽0.52米，碑首阴刻"南无阿弥陀佛"，浅浮雕"丹凤朝阳"图案。碑文仅少数文字可识。

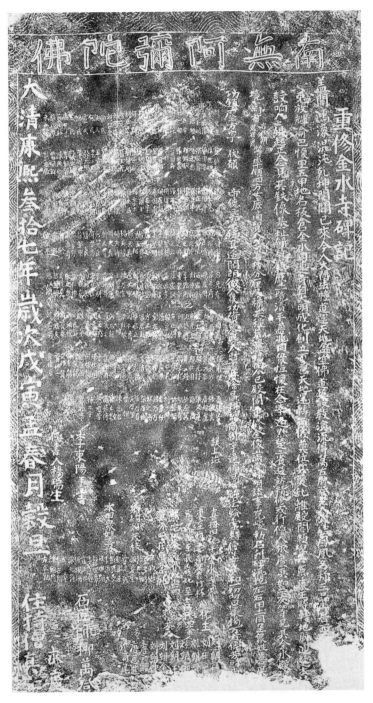

《重修金水寺碑记》拓片

《补修金山寺碑》拓片

金山寺遗址

金山寺遗址

金山寺遗址石柱础

金山寺遗址

金山寺遗址

《补修金山寺碑》

《重修金水寺碑记》

金山寺"德庇十方"题刻

觉林寺

一、寺院概况

觉林寺，位于接龙镇石磅村4社。据民国《巴县志》卷二《寺观》载，始建于明昭武间，清道光二十八年培修。寺址坐东朝西，位于觉林冈山顶，后靠山门口冈，远眺南马冈山蜿蜒起伏，气象万千。寺院掩映在苍翠的香樟林中，林木翕翕，浓荫蔽道，景色幽邃。寺址的西、北、东三面皆是峭壁，只南面有石阶可达。山下农田、房舍毗邻，土地肥沃，溪流潺潺。春季油菜花开，满眼金黄；夏季秧苗翠绿，谷穗争绽；秋季稻谷金黄，谷浪翻滚；冬季青菜葱绿，田畴胜寒；可谓四季如画的桃源之景。此寺始建于南明昭武间（1646），相传为华岩寺僧创修，建寺山顶。历经明清两代扩建，历代祖师的辛苦经营，规模递增，常年香火不断。寺中所奉佛像皆为石雕，神态或庄严肃穆，或慈悲和蔼。寺宇楼阁鳞次栉比，殿宇望衡。鼎盛时期，有寺僧10余人住锡，晨钟暮鼓之声响彻山林。清末至民初因长期战乱，年久失修，多处坍塌，当时仅存大佛殿、观音阁、川主殿等殿宇。村民回忆，20世纪30年代，寺院曾全面培修，十方善信或解囊相助，或捐募工料。建筑仿明清建筑风格，以四合院布局建造，经修葺后，觉林寺焕然一新，雄伟壮观，古朴高雅。有山门牌坊、戏楼、大佛殿、两厢配殿、韦驮殿、玉皇阁、祖师殿、钟鼓楼和藏经楼等建筑。寺中长老和尚为"赵和尚"（法名不详），在当时的巴县佛教会任有职务。其为人仗义，又是当地的袍哥舵把子，门下收有徒弟数十人，颇有声势。

20世纪50年代"大跃进"时期，寺宇被改为学校使用，庙产土地被分给乡民。"文化大革命"中佛像及器物大多毁坏无存，寺僧亦不知所踪。1981年，乡民撤除遗存建筑，建起现代民居，古刹从此匿迹。

二、遗址概况

觉林寺遗址坐东朝西，海拔 294.4 米，东经 106°45′38″，北纬 29°16′59″。寺院基址上已建有现代民居，原建筑格局不存。遗址西侧地面可辨为寺院旧貌，由青石铺砌，残长 6.2 米，残宽 1.76 米，判断为原上殿地面。发现有石柱础、石碑残件各一。

石柱础位于民居南侧屋檐下，青石质，二层垒叠，下层为方形，上层为圆形，高 0.36 米，直径 0.43 米。

石碑残件位于民居北侧院落中，被村民打凿成圆形桌面，青石质，厚 0.16 米，直径 1.76 米。石桌背面尚有文字，仅少数可辨识。

觉林寺石碑

觉林寺遗址

觉林寺遗址

315

觉林寺石碑

觉祥寺

一、寺院概况

觉祥寺，位于接龙镇青山村学校合作社，始建年代不详。寺址坐西南向东北，位于申基垭冈之山腰处，左邻潦井湾山冈，右接烂田湾山冈。站在寺址前，但见千峰万峦，令人有心旷神怡之感。每逢雨季，云雾变幻莫测，飘绕山间，迷迷蒙蒙，缥缥缈缈，似"李太白天姥之游，梦想非真境也"。寺院依山而建，占地约 1200 平方米。在寺院基址前端，原垒砌有青石所筑成的台基，而后再在上面修建房舍。中华人民共和国成立后村民将条石撬去修建各家的房屋。寺院旧有僧尼 1 人住锡，建筑为四合院布局，两重殿堂，寺内殿堂主塑释迦牟尼、药师、观音、韦驮、罗汉、四大天王等佛菩萨像 100 多尊，玉雕佛像 3 尊。所有塑像技艺高超，神情各异，比例适当，栩栩如生。自建寺以来，香火不断，每逢初一、十五日，寺僧还要组织信众集体吃斋、念佛。寺院田地甚宽，现当地亦有"和尚田湾"的地名，可遥知寺院当年的兴盛。20 世纪 50 年代，寺院被毁，遗址现存有上、下殿基址，上殿佛台等遗迹。近年文物贩子在寺院遗址掘得百多尊佛像盗卖，破坏严重。

二、遗址概况

觉祥寺遗址坐西南向东北，海拔 674.6 米，东经 106°48′56″，北纬 29°9′45″。遗址由两进台基组成，顺山势修成阶梯式平台，中轴线南北贯穿，南北长约 27 米，东西宽约 23 米，占地约 621 平方米。

Ⅰ号台基位于遗址最北端，呈长方形，宽 21 米，进深 14 米，地表现状为荒草所覆盖。台基前端利用山冈的斜坡作依靠，未重新修筑墙体，东侧有台基残迹，西侧台基已毁，南端正中存台阶遗存，宽 2.4 米，仅存两侧垂带基础，用大小不等的石块加白灰砌成。发现有佛像残件 2 尊。

Ⅱ号台基位于Ⅰ号台基上方，高于Ⅰ号台基 0.4 米。前端用条石砌筑，平面呈长方形，宽 23 米，进深 13 米。东端部分基址已被现代民居所覆盖，中后方现存有一长方形佛台遗迹，由条石围砌而成，长 5.37 米，高 0.48 米。

发现有佛像残件 4 尊，佛像底座 2 件，根据雕刻造型判断应为清代遗物。编号 D1：1、D1：2、D1：3、D1：4、D1：5、D1：6。

D1：1，位于Ⅰ号台基东侧草丛中。佛像残，圆雕，青石质，头部残，下身被掩埋于泥土中，残高 0.99 米，宽 0.62 米。双肩宽厚，身着铠甲，双臂可见臂甲，胸下有横带，胸前有浅浮雕圆形装饰，双臂于体侧曲肘，双手于腹前相合，手部风化。

D1：2，位于Ⅰ号台基西侧草丛中。佛像残，圆雕，青石质，仅存上半身，残高 0.45 米，残高 0.36 米，表面布满青苔。双臂在体侧曲肘，双手在胸前相合，为巾状物遮盖。

D1：3，位于Ⅱ号台基佛台遗迹东侧。佛像残，圆雕，青石质，头部残缺，残高 0.79 米，宽 0.42 米。身着圆领宽袖长袍，腰系带，呈坐姿于青牛座上。右臂在体侧下垂并曲肘上举，右手持一物已风化不可识，手腕处广袖外翻下垂于牛头之上，左臂于体侧下垂，左手扶于左膝之上，掌心向下，掌指朝前。青牛四足蜷曲，呈卧姿于方形基座之上，牛头下垂，面目温顺。

D1：4，位于Ⅱ号台基佛台遗迹东侧。佛像残，圆雕，青石质，头部残缺。身着圆领广袖长袍，腰系带，呈坐姿于方形台座上。右手置于膝上，左手置于左腿上，手持书卷状物，书卷已翻开，书页相叠。

D1：5，位于Ⅱ号台基佛台遗迹东南侧。为三层覆瓣莲花座，莲瓣肥厚，顶段有圆形台座。高 0.42 米，宽 0.61 米。

D1：6，位于Ⅱ号台基佛台遗迹 D1：3 前端，为普贤菩萨坐骑白象，呈卧姿于方形基座之上，象背至腹部覆盖二层垂布，象背有圆形台座已残缺，左侧象头侧向一方，象鼻卷曲和象身垂布相连。

觉祥寺遗址佛像残件

觉祥寺遗址

觉祥寺遗址佛像残件

觉祥寺遗址佛像残件

觉祥寺遗址佛像残件

觉祥寺遗址佛像残件

觉祥寺遗址石象残件

龙音寺

一、寺院概况

龙音寺，又名龙王殿，始建年代不详。寺址坐北朝南，位于接龙镇桂兴村水池子冈坡顶，左邻黄金凼，右接紫槽湾。山下有张家滩河，自西向东缓缓流淌而过。因河流水势较缓，久而久之，无数的泥沙、石子在岸边沉积为一个两公里长的滩涂。一溜儿斑竹从山坡顶延伸到河边滩涂，每有微风吹过，满山的翠竹，在风中轻轻摇曳，沙沙作响。身临此处，顿觉绝尘寡欲，似乎进入了禅林幽境，令人心旷神怡。据村民回忆，寺庙原名龙王殿，为三合院布局，木质建筑，有庑师 1 人住庙。听老一辈人谈及此庙为南沱寺的下院，建有龙王殿、观音堂等殿宇。寺庙所供奉的主神是龙王，为泥塑神像，高约 3 米，身着黄缎滚龙袍，头戴平天冠，腰围玉带，脚蹬粉底方鞋，面如蟹豸，眼若铜铃，颔下刚须下垂及腹，气象威猛，形容整肃。旧时每年的农历二月初二，龙王殿要举办龙王庙会，为一方百姓祈福纳祥，为四方信众带福还家。在民俗中，农历每年二月初二离春耕之时已经不远。传说这时龙已抬头，百虫已经出蛰，预示着大地复苏，万象更新。龙是行雨管水的神灵，龙可降雨的观念在史前时期即已产生，先秦典籍记载了不少"祈龙降雨"的习俗。《左传·桓公五年》载："凡祀，启蛰而郊，龙见而雩，始杀而尝，闭蛰而烝。"龙见而雩就是祭龙祈雨。所以人们就把对风调雨顺、五谷丰登的希望寄予了龙神。龙庙是祭龙祈雨的场所，多建造于临水的地方。每遇天干久旱无雨，民众皆自发到庙里祭龙祈雨。唐人岑参在《龙女祠》诗中写蜀人在龙庙祷雨的习俗，诗云："龙女何处来？来时乘风雨。祠堂青林下，宛宛如相语。蜀人竟祈恩，捧酒仍击鼓。"古人对龙神崇拜的习俗，一直延续至今。现每逢农历二月初二，龙音寺要举办庙会，村民祭龙求雨以保人寿年丰。

　　20世纪50年代"大跃进"时期，寺庙建筑被毁。现有建筑为乡人于1993年募资重建，更名为"龙音寺"。新建的庙宇灰砖砌墙，青瓦覆顶，供奉观音菩萨、龙王、药王、石敢当、川主等几十尊石雕佛像。每逢初一、十五，依旧人来人往，香烟袅袅。

二、遗址概况

　　龙音寺遗址坐北朝南，海拔296.2米，东经106°45′36″，北纬29°16′10″。遗址地表现为开垦后的耕地，原寺院建筑格局已不存。距寺址西侧约50米处耕田边发现石柱础1个，青石质，二层垒叠，下层为方形，上层为浅圆形，高0.37米，直径0.32米。

龙音寺"显圣河龙王庙"题刻

龙音寺遗址石柱础

妙缘寺

一、寺院概况

妙缘寺，位于接龙镇新槐村瓦屋社。据民国《巴县志》卷二《寺观》载，始建于明正统六年，清乾隆五十三年培修。寺址后靠庙山冈，面向茶堡冈，左接寨子坡，右邻剑滩山。寺前有溪涧自西向东缓缓流淌而过，两岸绿树成荫，林木葱郁，景色幽静。妙缘寺所处位置，为新槐村西边的一处开阔地，四面环山，一水环流。寺前所对的茶堡冈，呈西—东走向，绵延数里，峰峦耸翠，景色宜人，为建寺的风水宝地。乡民石仲文回忆，寺院旧为四合院布局，三进院落，中轴线南北贯穿，依次为山门、川主殿、大雄宝殿、玉皇阁。殿宇之间，曲径回廊，雕梁画栋，飞檐翼角，蔚为壮观。川主殿供有川主、牛王、韦驮、灵官等佛道神灵塑像。大雄宝殿正中塑释迦牟尼、阿弥陀佛和药师佛三尊石雕佛像，高约 5 米，全身贴金，庄严如法。大殿四壁塑有十八罗汉、二十四位诸天等神像，形态逼真，惟妙惟肖。玉皇阁里泥塑玉皇大帝正襟危坐，仪表堂堂，造型优美。每逢初一、十五和诸佛菩萨圣诞之日，善男信女纷至沓来。寺院内外，人山人海，车水马龙，热闹非凡，香火久盛不衰。

20 世纪 30 年代时，寺院原为重庆华岩寺的脚庙。有寺僧 2 人住锡，为僧本道、僧香灯，皆由华岩寺派来，每三年轮换。寺有庙地，在新槐村转角湾、马家岩一带，每年要收谷租 120 石，和佃户四六分成后，再送往华岩寺。华岩寺属佛教禅宗，接嗣于四川梁平县双桂堂破山大师，传临济宗三十二世法。近四百年经六十四届住持曾传法到成都、内江、泸州、乐山、巴县以及北京华岩寺等，故《巴县志》有"华岩寺宗支流衍天下"的记载。在民国时期寺院不仅有西南地区最大的印经院，还广办义学，免费培养贫民子弟，从小学、中学到大学，全国罕见，受到社会的尊崇。华岩寺当时有田地

600 多亩，田租 1262 石。其中巴县界石乡收租 120 石，石岗乡 120 石，寺院周围田租 1022 石。寺院管辖佃农 92 家。有报恩寺、文觉寺、妙缘寺、石林寺、天堂寺等脚庙。过去的华岩寺方丈，同时是六个寺院的住持。

20 世纪 50 年代"破四旧"时期，寺院的佛像、经卷、法器等被毁，殿宇则被村民据为民居，经逐年改扩建后，原建筑格局已不存。

二、遗址概况

妙缘寺遗址坐南朝北，海拔 337.7 米，东经 106°49′47″，北纬 29°13′41″。遗址平面呈长方形，南北长约 51 米，东西宽约 38 米，占地约 1938 平方米，由川主殿、大雄宝殿、玉皇殿组成。

川主殿基址已被开垦为苗圃，种植有桂花苗等苗木。玉皇殿基址上已建有现代民居，原建筑格局已不存。大雄宝殿基址东侧被开垦为菜地，发现有石柱础 4 个。东侧保留有殿前平台，面阔 16 米，进深 12 米，地面由石板东西向错缝平铺。基址西侧保存有完整的西配房 1 间（原为寺院柴房），穿斗式结构，面阔 11 米，进深 9.4 米，台基高 1.05 米，西侧存 5 步台阶，宽 1.1 米。在西配房南侧地面发现有残碑 1 截。

遗物发现有石柱础 4 件、石碑残件 1 截，根据雕刻工艺判断为清代遗物。

1. 石柱础

位于大雄宝殿基址东侧，南北向等距排列，间距 2.3 米，形制不同。南侧柱础为二层垒叠而成，下为方形，每面浅浮雕花卉图案，上层为圆柱形，柱体表面有三层连珠纹饰，高 0.43 米，直径 0.32 米。北侧柱础被掩埋在泥土中，露土部分为圆鼓形，直径 0.42 米。

2. 石碑

位于西配房南侧地面，青石质，残高 0.21 米，残宽 0.46 米，碑身阴刻楷书，右边碑沿有浮雕蟠龙头图案，有"朝廷立庙""朝来举境"等字样。

妙缘寺遗址石柱础

妙缘寺遗址石碑残件

妙缘寺遗址佛座残件

妙缘寺遗址

妙缘寺遗址外古桥

妙缘寺遗址

骑龙寺

一、寺院概况

骑龙寺，位于接龙镇铁矿村桃坝社，始建年代不详。寺址坐北朝南，依山而建在骑龙冈山顶。左邻李家岩，右接大山堡，面向上大湾。寺周环绕的山冈宛若朵朵莲花绽放，而寺址正位于莲蕊中，乡人称其为"莲花地"，寺院就坐落在这山清水秀的风水宝地之中。站在冈顶极目远眺，千山万壑，尽收眼底，田野村庄，在霭霭烟云中隐约可见，令人心旷神怡，浑然忘我。传说寺院原在张家堡，并不叫骑龙寺。因以前乡间有一姓王的劣绅，虽家财万贯，却为富不仁，横行乡里，乡里怨声载道。某日有风水先生踏地寻脉来到此地，称王家的祖坟葬在山形如倒爬狮子的口中，王家后代定会出"反王"，招来刀兵之灾。这一说法在乡间传开后，闹得沸沸扬扬，最后传到了官府那里，就不断有官差到乡间明察暗访。这劣绅寻思，刀兵之灾未到，牢狱之灾恐就在眼前。忙差人去求教风水先生，得到的答复是赶紧将祖坟迁走，在龙脉上修建一所寺庙来化解。王姓劣绅想这新修庙宇后，还要去招僧住锡，恐等不了那么久时间就有变故。于是派人去张家堡请主持僧将寺院迁往新址，并承诺将舍田业百亩给寺院作香火田。寺院建成后，因是骑在龙脉上的庙宇，故更名为"骑龙寺"。据村民回忆，寺院原为四合院布局，依地势起伏建有三重殿，南低北高，逐级抬升。有山门、天王殿、地藏殿、药师殿、玉皇楼等殿宇。山门前原塑有雄狮一对，高约 3 米，似仰天长啸，栩栩如生，远看气势宏伟，庄严肃穆。殿堂里供有释迦佛、观音菩萨、地藏菩萨、文昌、药王、川主等大小 200 多尊石雕佛像，工艺精湛，法相庄严。寺院常年香火不断，朝神拜佛者络绎不绝，远近闻名。

中华人民共和国成立后，寺院曾作为村里的办公室使用。1958 年"大跃进"时，寺院被拆大半。"文化大革命"期间，寺院彻底被毁。20 世纪 80

年代，有信众将在田间掘出的佛像残件收于一处供奉。现乡民募资易址建有简易房舍，接续古刹百年香火。

二、遗址概况

骑龙寺遗址坐北朝南，海拔 367 米，东经 106°45′45″，北纬 29°14′4″。遗址地表现为开垦后的耕地，原寺院建筑格局已不存。距遗址西侧约 300 米处山林中发现有石雕佛像残件 1 尊，红砂岩质，圆雕，头部残缺，残高 0.77 米，宽 0.34 米。身着广袖长袍，腰间系带，呈坐姿于方形台座之上，右手环于胸前，宽袖于手腕处外翻垂于膝间，左手藏于广袖之中，置于左膝之上，衣袖在膝间下垂。表面已酥粉、起壳。

骑龙寺遗址

骑龙寺遗址佛像残件

骑龙寺遗址远眺

骑龙寺遗址

观音阁

一、寺院概况

观音阁，位于接龙镇桥边村桐口社，始建年代不详。寺院建在庙堡冈山腰处，依崖壁而建，坐南朝北，面向牛栏岩，左接尖峰顶，右邻金家田山。寺址周围全是绿叶茂密的山林，松树、银杏、香樟各显姿色，美不胜收。滩子涵河从山脚蜿蜒流淌而过，溪水清澈见底，常年不涸。水穿岩石，似摇铃击磬，声声作响，清音圆润，闻之神爽。寺庙旧为三合院式布局，木质建筑，有龛师 1 人住庙。原有药师殿、观音堂等建筑，供有药师佛、观音菩萨、山王、黑神、地母等 50 多尊神佛塑像。观音殿里供奉的观音菩萨为整根梨木所雕，高约 2 米，圣像头顶宝髻，双耳垂肩，身着通肩袈裟，跏趺安坐在莲花台上。面相慈祥，仪态庄严，双手合于腹前，金色宝瓶放置其上，蓄满甘露。佛身鎏金上彩，金光闪闪，富贵华丽。善财童子、龙女分侍左右，天衣飘地，形貌婉丽，雍容大度。旧时从綦江到南沱至接龙的官道，即从寺址前穿过。寺庙虽小，却香火灵验。相传民国年间，有一年春夏之交，周边的不少村民都感染上了怪疾，高烧不止，呕吐腹泻。有传言是山中有山精鬼魅作乱，要献上童男童女给山王，方能化解。村落里人心惶惶，山民们陷入了极度的恐惧之中。自怪疾流行开来后，庙中龛师日夜在观音菩萨像前祈祷唱诵《妙华莲花经·观世音菩萨普门品》，祈求观音菩萨显圣，拯救众生。一天，龛师在诵经时恍惚入梦，见佛台上观音菩萨身放金光，将宝瓶中的圣水洒向山林，说道："以山中的车前草加生姜，以山下溪涧中的清泉煎汤服下，可疗怪疾而痊愈。"龛师梦醒，见佛台上的观音菩萨仿佛正笑容可掬地望着自己。连忙下山，将观音菩萨显圣传出的药方告之村民。果然，村民们照此药方采药煎汤服用，皆得痊愈。瘟疫过后，山民对观音菩萨倍加推崇，寺庙香火更盛。每逢庙会，人来马往，鞭炮震天，热闹非常。

20 世纪 50 年代，寺庙被停止了正常的宗教活动，龛师返回原籍。"文化大革命"中佛像被捣毁，庙宇被拆除，古刹就此毁于一旦。1985 年，有乡民易址在宫口山腰处建殿堂一间，塑有观音菩萨、浮雕山王、药王、川主等圣像供奉。

二、遗址概况

观音阁遗址坐南向北，海拔 350.7 米，东经 106°45′55″，北纬 29°13′17″。原建筑毁于 20 世纪 50 年代，1992 年，村民募资在原寺庙基址上建有蓬舍 1 间，并重塑圣像供奉。发现有石香炉 1 件，根据雕刻工艺判断，应为民国年间的作品，乡民称其曰坛身菩萨。香炉顶端略有残损，炉身浅浮雕花卉图案，高 0.32 米，直径 0.34 米。

观音阁遗址新塑神像

观音阁遗址"坛神"

观音殿

一、寺院概况

观音殿，位于接龙镇桥边村三元湾合作社，始建于清乾隆三十八年。遗址坐北朝南，位于观音冈顶，面向学堂湾，左邻鱼塘坝，右接磨园岚垭。观音冈山势突兀，周围众多山峦环绕，峰峦耸翠。冈上灌木成林，每年夏秋两季，枝叶繁茂，遮天蔽日，环境清幽。乡民传说，以前长江里有孽龙看上了观音冈这片风水宝地，在此占山不走。从此这富庶之地再无安宁之日，要么几个月不下雨，要么狂风暴雨几天几夜也不停息，百姓苦不堪言，怨声载道。乡民日夜焚香祈祷上天，请菩萨显灵来降伏孽龙。消息传到西天佛祖那里，派观音菩萨下凡降妖除怪。孽龙被赶走后，这里又恢复了昔日的祥和安宁。百姓为了感谢菩萨的恩德，将菩萨显圣除妖的山冈改名为观音冈。还在山上修了一座观音庙，塑圣像，设佛堂，让子孙后代都供奉观音菩萨。逢初一、十五，每年的三次观音会，都有远道而来的善男信女在此烧香拜佛，祈求观音菩萨消灾赐福，香火之盛远近有名。据村民回忆，寺院旧为三合院式布局，石质结构，有观音殿、药王殿等建筑，有龛师1人住庙。殿内供有观音、药王、灵官、玉皇、黑神等大小神佛塑像100多尊。20世纪50年代末，寺庙被无知村民捣毁。所幸有供奉观音菩萨的佛龛，因石材质地坚硬，得以幸存。1996年，村中信众募资在原寺址处建砖混结构殿宇1间，遮住石龛，免受日晒雨淋。

遗址现存石龛1座及石构残件等遗物，具有较高的文物、艺术价值。

二、遗址概况

观音殿遗址坐北朝南，海拔501.8米，东经106°46′51″，北纬29°10′55″。原寺院建筑在1953年被毁，现存石刻屋宇式佛龛1座，立于佛台之上，二重檐歇山顶覆瓦屋面。由四层青石垒叠而成，通高 2.78 米，宽 1.95 米。第二重檐构造较简单，无瓦面，檐下台面阴刻楷书"岩风山"。一重檐顶雕瓦垄，檐下横枋阴刻楷书"慈光普照"，落款为"乾隆三十八年十月二十五立"；两侧山墙正面浮雕"博古花瓶"；内壁中部开龛，长 1.15 米，高 0.35 米，进深 0.26 米，两边分别有浮雕佛像"十二圆觉菩萨"各六尊，或倚坐、或结跏趺坐，皆着长袖僧衣，手势各异，头部为现代补塑；龛上方浮雕花卉、凤凰图案；后檐墙正中开龛，高 1.25 米，宽 0.72 米，进深 0.21 米，龛门外两侧门柱分别阴刻楷书"佛向云山观自在，清风明月救苍生"。龛中造像为观世音菩萨，头戴宝冠，颈戴项珠，着通肩式袈裟，结跏趺坐于莲台之上，佛像为现代补塑，佛像后壁有火焰形背光，浮雕莲花、珍禽图案；台座前有方形拜台。

遗址南侧灌木从中发现有石狮残件 3 截，青石质，圆雕，其中两截或为同一座狮身。

观音殿"慈光普照"拓片

观音殿佛像

观音殿浮雕佛像

观音殿浮雕佛像

观音殿石狮残件

观音殿石刻佛龛内壁浮雕佛像

观音殿浮雕佛像

观音殿浮雕佛像

观音殿"慈光普照"题刻

观音殿石刻佛龛

349

观音殿石刻佛龛内壁浮雕佛像

山王庙

一、寺院概况

山王庙，位于接龙镇荷花村，始建年代不详。寺址坐南朝北，位于山王冈顶，占地约 300 平方米，旧为三合院式石质建筑。据村民回忆，新中国成立前有尪师 1 人住庙。所供奉的神灵有山王、孔子、佛祖、观音、太上老君、玉皇大帝、灵官、雷神、川主、坛神等石雕神佛塑像。庙址后方原有一块天然青石，形如卧虎。相传，昔日有一村民欲凿取该石砌房基。刚开始凿石，天空忽然卷起乌云，顿时雷雨交加倾盆而下，无法动工，工停则雷雨止。次日，村民又前往取石，刚举锤凿击，天气又变，雷鸣电闪狂风大作，村民无奈躲于旁边岩隙间避雨。恍惚间见青石幻化变成一猛虎，上骑一神灵，袒胸露足，瞪目露齿，面目威武，腾空而去。村民受此惊吓昏迷，待午后苏醒，天已大晴，碧空如洗，青石如旧。视山间林木，竟未见雨露，深感惊奇，回家即告知乡邻，众人皆认为是菩萨显灵。于是募资在山上建立山王庙，并请能工巧匠塑立山王菩萨神像。每年的农历四月十五为朝拜日期。据说山王能逐邪镇恶，凡庄稼遭兽害、六畜不兴旺、久病难治愈、财运不亨通，都可向"山王菩萨"许愿。到时来运转时，要备好黄表纸、刀头（煮熟而又没有切开的猪头肉）、酒水等到庙里给山王还愿。

在巴蜀民间，山王信仰由来已久。查《搜神记》诸书，山王无考，意者以其山之灵而名之耶？但相传已久，无从考辨。相传境中敬此神，则虎豹狐狸等兽类不入境内，俗呼为"山王菩萨"。在綦江二司殿遗址曾发现有一尊保存完好的石刻山王塑像，其像高约 8 米，威武凶猛，头戴梁冠，方额广颐，双目圆睁，锯齿獠牙，一手持法器高举，一手撵毒蛇缠绕于身前，足踏猛虎，颇有镇妖降魔气魄。接龙镇荷花村的这座山王庙，在"文化大革命"期间因人为破坏，殿宇倾圮，神像无存，尚无法窥其全貌。从乡民的描述中,可推测其山王造像相貌与綦江二司殿遗址发现的山王造像应大体相似。民间传说,"山王菩萨"能治病驱邪,收瘟摄毒,普救生灵,法力无边。考其信仰来源,或与巴人巫鬼信仰的遗风有关,由于古巴人多出没于山林草莽间,处于相对闭塞和恶劣的生活环境中,图谋生存和发展的需要,都信巫鬼重淫祀,故而视天地、山林、水泽为神鬼精灵。巫鬼信仰在巴人的心灵中长期潜移默化,逐渐形成了具有巴地特色的民间信仰,如山有山神、水有水神、刮风下雨皆有神灵支配,蜀地民间的"山王信仰"或即渊源于此。

二、遗址概况

山王庙遗址坐南朝北,海拔 711.2 米,东经 $106°50'39''$,北纬 $29°14'2''$。原寺庙建筑、神像在"文化大革命"中被毁。1998 年,有乡间信众募资在原址上建有殿堂 1 间,接续香火。

山王庙遗址

山王庙新塑神像

山王庙石敢当

石龙寺

一、寺院概况

石龙寺，位于接龙镇自力村新屋咀 3 社，始建年代不详。寺址位于倒向屋基冈上，面向大土坡，左接石垭子冈，右邻黄桷冈。寺庙遗址所在的山冈，形若圆形堡垒，山上林荫蔽日，古树参天。寺址即掩映在森森的古松、香樟树中，形成了十分独特的气候环境。

山堡北侧有一砂岩巨石，形似龙头，宛然如生。传说古时山中有石龙受日精月华，渐有了灵性，再修炼日久，竟可以变幻飞腾，呼风唤雨。常于夜间出来毁坏良田，生吞家畜，危害甚烈。乡民深受其害，遂搭建神坛，备祭品，燃香化纸，日夜祈祷天帝显圣，降伏孽龙。一日夜间，电闪雷鸣，狂风大作，山摇地动，天空中嗷嗷厮斗之声不绝于耳，闻之令人心颤，经久不息。次日清晨，雨过天晴，天空蔚蓝如洗，天际间出现一条七色的彩虹，与蓝天白云相映衬，望之令人心愉神爽。有村民见山间林荫中有血迹斑斑，沿路滴洒至山顶北侧，追视之，见"龙头石"被劈成两半，泥土中还粘混着血迹。观者甚奇，惊呼"天帝显灵"。而后众乡民在此处募资修庙，历时三载落成，命名曰"石龙寺"。据村民回忆，寺院为四合院布局，木质建筑，有玉皇、弥勒、川主、文昌等殿堂。正殿为玉皇殿，供奉泥塑玉皇神像，坐像高齐屋梁，庄重威严。座前两旁塑有王文卿、展子江、扈文长、孟非卿、明文章等天神将帅站像，皆形象生动，栩栩如生。相传在此敬香叩拜，能除瘟消灾、求财如意、风调雨顺。两侧配殿供有川主、文昌神像。川主殿内还奉有"石猪菩萨"，较为独特，其形象为在一石雕猪身上坐一神灵，身着长袍，头戴幞头，缯带垂肩，据传拜之能使家畜无病无灾，膘肥体壮。此神像应为当地山民的民间信仰，较有地域特色。

"文化大革命"期间，寺庙被"红卫兵"人为破坏，佛像、法器俱被焚毁。1993 年，乡中信众又募资在寺院遗址处用耐火砖搭建简易殿堂 1 间，接续古庙香火。条件虽陋，每逢初一、十五，依然信众云集。

二、遗址概况

石龙寺遗址坐东向西，海拔 395.4 米，东经 106°48′38″，北纬 29°17′27″。遗址地表现为林木覆盖，发现有石柱础 2 件，石猪残件 1 尊，根据雕刻工艺判断应为清代遗物。

1. 石柱础

位于遗址西侧林间空地，位置已移动。两件形制相同，为黄砂岩质，两层垒叠，下层为方形，上层为圆鼓形，高 0.38 米，直径 0.32 米。其中一件上层圆鼓被凿开一缺口。

2. 石猪残件

位于遗址乡民新建殿堂左侧地面。石猪残缺，仅存猪身，黄砂岩质，体硕浑圆，底部长满青苔，残长 0.56 米，宽 0.24 米，高 0.31 米，后腿部阴刻纵线以示猪身结构。

石龙寺遗址

石龙寺遗址石柱础

石龙寺遗址

石垭子庙

一、寺院概况

石垭子庙，位于姜家镇文石村与接龙镇申基坪社交界处的石垭子山顶，始建年代不详。石垭子山海拔 578 米，周围全是连绵起伏的丘陵。山中林木茂密葱茏，四季常青，苍翠欲滴。站在山顶极目四望，天宽地阔，山下农舍、水塘清晰可见，山相抱，水相连，山情水意，万种风情尽收眼底。传说在清代乾隆年间，金佛山僧慧明从南川追寻龙脉至此，见山有龙潜之象，即化缘募捐修庙，耗时三年而成。自建寺以来，僧侣云集，香火鼎盛。据乡民回忆，在 20 世纪 30 年代，尚有寺僧 2 人住锡。建筑为四合院布局，有山门、川祖殿、观音殿、玉皇阁等殿宇。寺周用条石砌基，灰砖砌墙。殿内木质结构，檐柱挺立。额枋图案雕刻精工细致，佛像造型栩栩如生。

据说寺院供奉的川主菩萨特别灵验，曾多次显圣。在山下水塘湾原住有一农户，家中世代信佛。有次家里的小孩得了大病，求医问药，病势如旧。折腾几日，小孩已是气息奄奄，全家哭哭啼啼。一日清晨，有老者寻上门来，称可治世间百病。农户将信将疑，将老者带至小孩病榻前，老者只一看就掏出银针，扎了孩子的几个穴位。当第三针刚扎下去，小孩就气色舒缓，脸上有了血色。随后，他又掏出随身携带的瓷瓶，取了三颗药丸给这家主人，嘱其日服一粒，三日后即可痊愈。这家人千恩万谢，要付药资给老者，他却执意不收，只收下了一包他们自己晒的金银花。主人家问起这位救命恩人的名字和住处，他却摇头不说，主人家怕孩子病情复发，再三恳求，他才说："我姓李，家就住在山上的黄桷树边。"三天后，这个小孩恢复了健康。孩子的父母领着全家人来找救命恩人，打算好好答谢。他们来到山顶，寻到那棵黄桷树。问了半天，当地的人没一个晓得有姓李的郎中。这一家人没办法，看到山顶还有所寺庙，就进去上香拜佛。全家人走到神殿前抬头一看都惊呆了，大殿中坐着的川主菩萨和到他们家的老者一模一样。再走近神台一看，发现了几天前送给老者的一包金银花还放在神座上。原来，救苦救难为百姓治病驱邪的，正是这位川主菩萨。寺院菩萨显灵的事迹四处传开，从各处来朝拜的香客更多，寺院香火更盛。每逢农历的六月二十四川主菩萨圣诞，从各处赶来朝拜的香客络绎不绝。殿堂庙廊里的善男信女摩肩接踵，鞭炮之声此起彼伏，不绝于耳，一直要延续七天后才渐歇。

在"破四旧"时期，寺院建筑、佛像俱被焚毁。"文化大革命"后乡民在寺址处建有民居，古庙从此踪迹全失。只原山门前的一棵黄桷树虬曲苍劲，斑驳嶙峋，还屹立山头，聆听岁月沧桑。

二、遗址概况

石垭子庙遗址坐北朝南，海拔 578.3 米，东经 106°47′53″，北纬 29°18′44″。遗址地表现为新建民居，原寺院建筑格局已不存。

石垭子庙遗址

石垭子庙遗址

石垭子庙遗址

石垭子庙遗址前古树

玄慈庙

一、寺院概况

玄慈庙，位于接龙镇春农村双桂组。据民国《巴县志》卷二《寺观》载，始建于明，清乾隆五年重修。寺址坐东朝西，位于玄慈冈顶，寺周苍松挺立，翠竹丛生。登顶远望，只见层叠的山峦、苍翠的树木，虽身入山中，却疑入蓬莱，美不胜收。据村民江泽明回忆，寺院曾为凉水乡著名的大庙，占地约 1800 平方米。寺院依山而建，四合院式布局，分三进院落。由西向东依次有山门、钟鼓楼、大雄宝殿、地藏殿、玉皇阁等殿宇，两侧配殿供伽蓝、关羽、川主及观音、文昌等神像。大殿内奉有释迦牟尼佛像，身高约 5 米，造型雄伟、雕饰富丽，发式作螺髻形，雍容端庄，两耳垂肩，袒胸、盘膝端坐在莲座上，体态自然饱满。20 世纪 30 年代时，尚有寺僧七人住锡。每月的农历初一、十五为庙会期，每次会期均有千余人参加弘法活动。逢观音会、川主会时，来朝拜的善男信女成千上万，热闹非凡，历年不衰。寺庙每年还要举行一次"盂兰盆会"，一直到 50 年代寺庙被毁后才中断。20 世纪 50 年代，寺院建筑被改为春农村小学，经过历年改扩建，已面目全非，寺宇不存。"文化大革命"后学校搬迁，乡民将建筑拆除辟为农田，后因退耕还林，农田荒芜，古刹再难觅踪影。

二、遗址概况

玄慈庙遗址坐东朝西，海拔 704.3 米，东经 106°51′41″，北纬 29°15′2″。遗址地表现为荒草灌木所覆盖，原寺院建筑格局已不存。距寺址南侧约 300 米处唱戏冈下，发现有石雕佛像 5 件，等距排列，保存较好。根据雕刻工艺判断，应为清代遗物。编号 D1：1、D1：2、D1：3、D1：4、D1：5。

D1：1，神像为圆雕，青石质，表面涂成土黄、翠绿色。头戴幞帽，下垂于肩，方额广颐，面颊饱满，下颌胡须下垂。着圆领广袖长袍，袍长覆足，腰间系带。双臂于体侧下垂，左手扶于膝上，掌心向下，掌指朝前，右前臂横置于腰间，臂弯夹持一物。通高 0.89 米，宽 0.33 米。

D1：2，佛像为圆雕，青石质，村民在佛像表面涂有黄、绿、蓝三色以作纹饰。头戴冠，低发迹线，面部丰腴，五官小巧。头饰后系冠，缯带下垂至胸前，双肩下垂衣缘，双手下垂合于腹部，手捧宝瓶，结跏趺坐于仰覆莲座之上，左足在上，右足在下。通高 0.95 米，身高 0.82 米，宽 0.34 米。

D1：3，神像为圆雕，青石质，表面涂有黄、绿、蓝三色。头戴方形高冠，下窄上宽。面部五官表情夸张，额头阴刻缓弧线以示皱纹，双目圆睁，圆形眼珠外凸，颧骨高突，鹰钩鼻，胡须呈扇形下垂于胸前。身着圆领广袖长袍，胸前系带，呈坐姿于方形台座之上。左手环于胸前，右手放于膝上。通高 1.3 米，身高 1.03 米，宽 0.47 米。

D1：4，神像为圆雕，青石质，表面涂有黄、绿、蓝三色。头戴圆冠，面颊丰腴，眉弓呈缓弧形上扬，双眼上挑，鼻部较短，嘴唇闭合，嘴角微上扬，下颌丰满，阴刻弯月弧线。着圆领宽袖长袍，胸前系带，呈坐姿于方形台座之上，袍长覆足，露足部分残缺。双手于腹前相合，手部残缺，广袖于腹前外翻于两膝外侧。

玄慈庙遗址佛像

玄慈庙遗址佛像

玄慈庙遗址佛像

玄慈庙遗址佛像

玄慈庙遗址佛像

玄慈庙遗址佛像

银滩寺

一、寺院概况

银滩寺，又名观音殿。位于接龙镇河咀村简家嘴合作社，始建年代不详。寺址坐东朝西，依崖而建。寺前有观音滩河，河水荡漾，似一条玉带从东北向西南飘然而去。寺周竹茂峰秀，观音滩河波平水碧。每当山风吹过，竹涛阵阵，碧波涟漪，令人心旷神怡。据村民王昆良讲述，相传在明万历年间，有自峨眉山而来的高僧云游至此。见此地山清水秀，为修持的福地，遂在此结蓬而居。后经历代祖师的惨淡经营，寺院规模渐大，寺产日益增多。20 世纪 20 年代因"庙产兴学"风潮兴起，寺产日渐减少，但尚有寺僧二人住锡。20 世纪 30 年代末，寺院尚有玉皇殿、川主殿、观音殿等建筑。寺院所供奉的主神为玉皇大帝，有大小石雕神佛塑像 50 余尊。寺田 70 余亩，年收谷租 120 石。每年农历正月初九，附近各村的民众都要扶老携幼去寺庙朝拜"玉皇大帝"，俗称"上九会"。相传正月初九是玉皇大帝的诞辰，这天去银滩寺进香，是村民迎春览胜的第一要事。从正月初八晚开始，寺院内各殿堂灯火通明，旗幡高挂，香烟缭绕，钟磬齐鸣。寺僧衣冠整洁，诵经祈福。寺外爆竹喧天，灯火通明，热闹非凡。子时（晚 11 时至次日 1 时）为进香高峰期，谓之"烧头香"。村民像潮水般涌向寺内大殿，一直到夜半之后，人流才渐歇。正月初九是正庙会的第一天，寺内玉皇殿上跪满了前来参加祭拜仪式的善男信女。朝拜的村民上庙时都带着个小瓷瓶，朝拜结束后，要装些大殿神台上的香灰带回去，据说可消灾、祛病。

20 世纪 50 年代"大跃进"时期，寺周山林被伐，用以"大炼钢铁"。银滩寺周树林被砍伐殆尽，数百年古刹也在此时被毁。现原寺院建筑格局已不存，仅余佛像残件数尊。寺址后崖壁上保存有 12 孔"蛮子洞"（崖墓），为东汉时期遗物。1996 年，村中信众募资在原址建有殿堂 1 间，并请匠师塑有神像，重续香火。

二、遗址概况

银滩寺遗址坐东朝西，海拔 382.6 米，东经 106°49′19″，北纬 29°15′9″。遗址地表现状为荒草所覆盖，原寺院建筑格局已不存。寺址后山崖上有崖墓12 座，分布于约 400 平方米的范围内，墓门为单层或双层门楣，墓边长 2.3米，高 1.4 米，门外侧有文字题刻，已剥蚀。根据崖墓形制及题刻残迹分析，年代应为东汉至南朝。发现有残碑 1 截，位于新修殿堂南侧约 50 米处河边竹林中，掩埋于沙土中，为青石质，残高 0.40 米，宽 0.68 米，碑身已漫漶，仅可识"□□□巳岁二月吉日立"数字。

银滩寺遗址后崖墓

银滩寺遗址

银滩寺遗址

银滩寺遗址石碑残件

银滩寺遗址后崖墓

雨坛寺

一、寺院概况

雨坛寺，位于接龙镇荷花村六阳社，始建年代不详。寺址位于村里名为雨坛山的山坡顶上，坐北朝南，占地约 1600 多平方米。雨坛山虽名为山，实则为村里的一座小小的孤峰，顶上凹地如盆，碧草青青，甚是繁茂。山顶有清泉从方圆 1 米大小的洞口喷涌而出，久旱不涸，长流不息。相传古时，村里只有一口水井，浅浅的只有半米多深，人畜勉强够用。如遇旱年则滴水皆无，生活在这里的乡民饮水极难，更难谈引水灌溉。因为缺水，有时粮食几乎颗粒无收，人们只能过着食不果腹、衣不蔽体的苦日子。有一年，又值大旱，眼望着田里的禾苗将要枯死。人们成群结队来到山冈上设坛求雨，他们在香炉里插上香，合掌当胸，虔诚地跪在地上闭目祈祷。不多时，好似有水流的声音。求水的人们睁眼一看，果真有清泉从岩石间汩汩流出，人们欣喜若狂，奔走相告，自此这儿再没闹过水荒。乡民认为这里是求水的宝地，有神灵护佑，故在此募资建寺，名曰"雨坛寺"。据村民回忆，以前寺院规模甚大，建筑依山取势，分列五层台基上，各层平台逐级抬升，北高南低。入山门后，上有天王殿，后有川主殿，两殿之间有钟鼓楼，后依次又为观音殿、大雄宝殿、藏经楼。大雄宝殿又称九龙殿，因石质檐柱上雕有九条蟠龙而得名。20 世纪 30 年代，尚有寺僧 4 人住锡，皆精于求雨之术，屡有应验。每逢久旱无雨，寺僧在灵官菩萨前占卦，卜得吉日吉时。吉时一到，即将川主菩萨的牌位，请到寺外搭好的神台上，曝晒三日。随后，每户要斋戒食素，再由寺僧挑出符合条件的信众，抬上大轿，将川主牌位请入轿中，赴槐子树龙潭请水。队伍由寺僧为前导，仪仗队随后，一路上敲锣打鼓，浩浩荡荡。请水的人员皆要赤足，不能戴帽。行至龙潭，由寺僧念咒祈祷，诀曰：

太元浩师雷火精，结阴聚阳守雷城。

关伯风火登渊庭，作风兴电起幽灵。

飘诸太华命公宾，上帝有敕急速行。

收阳降雨顷刻生，驱龙掣电出玄泓。

我今奉咒急急行，此乃玉帝命君名，

敢有拒者罪不轻。

仪式结束后，在潭边静候圣物出现。一旦有小鱼小虾现身，便将潭水舀入带来的瓦罐中，并要用五色线在罐身缠绕，将罐口封好。由身强力壮的村民将瓦罐顶在头上，沿原路恭迎返回。返回寺院后，要将瓦罐置于川主神像之前，派人日夜守护，众人顶礼膜拜。据说在寺僧卜得的时辰内，定会天降甘霖。降雨后，还要举办法事，招集队伍再去龙潭"还水"。中华人民共和国成立后，此俗渐绝。

20 世纪 50 年代"破四旧"时期，寺僧被逐，庙中佛像、经卷等文物被毁。井泉随后干涸。遗址现已为深草所掩，荆榛匝地，古寺再难觅踪迹。

二、遗址概况

雨坛寺遗址海拔 648.9 米，东经 106°51′27″，北纬 29°13′40″。遗址地表现为林木所覆盖，原寺院建筑格局已不存。

雨坛寺遗址

玉皇观

一、寺院概况

玉皇观，位于接龙镇自力村申家屋基社玉皇冈上，始建年代不详。玉皇冈海拔 762.5 米，因山顶建有玉皇观而得名。山间竹树交翠，密林掩映，岚气成云，幽深静谧。不论从哪个方向上山，石径始终盘绕在绿树翠竹之中，景色宜人。传说山顶出云即雨，每逢久旱，设坛祈雨立应。乡民认为有天帝护佑，故募资建庙，名曰玉皇观。据村民曹洪生回忆，寺庙原有寺僧 3 人住锡，建筑为四合院布局，中轴线上布置有山门、下殿、正殿、藏经楼等殿堂。正殿两边有厢房、配殿，均为两层，砖木结构。山门两边塑着灵官神像，魁梧高大，怒目圆瞪，手持神鞭，不怒而威。进山门沿石阶而上是川主殿，殿门两边的木棂窗，雕有花卉图案，刻工精美。殿堂正中是川主神像，头戴梁冠，鼻直口方，面带微笑，双耳垂肩，俨然一位慈祥的长者。穿过川主殿后为玉皇殿，玉皇大帝头戴帝冠、身着龙袍坐在神台正中，左右分立玉皇娘娘和孙膑神像，南北两壁绘有风、雷、云、雨四神像彩画。寺周院墙围绕，高大的桂花树、黄桷树、银杏树和斑竹林，遮天蔽日，掩隐寺庙。每当有雾的早晨，太阳刚刚冒出地平面，霞光万道，而晨雾像无比宽大的轻纱笼罩着山间。这时的山梁、树林、房屋沐浴在晨雾里，若隐若现。从远处看，犹如空中楼阁、人间仙境。玉皇大帝源于上古的天帝崇拜，殷商时期，人们称最高神为帝，或天帝、上帝，是一位支配天上、地下、幽冥、文武众仙的大仙。西周以后，上帝信仰广泛流行，人们给上帝冠以皇天、上天、昊天等多种尊称。朝廷帝王更把其王位与这位天帝联系起来，称自己是"天子"，说自己是天帝的儿子，受天命而为王为帝；遵循天意，代表天帝教化万民。玉皇大帝的塑像，至唐宋以后才逐渐定型，一般是身穿九章法服，头戴十二行珠冠冕旒，有的手持玉笏，完全是秦汉帝王的打扮。玉皇大帝的诞辰祭祀，远较一般诸神更为隆重、庄严。因为百姓都深信天帝是至高无上，最具权威的神，所以拜玉皇大帝的仪式也比一般神明来得隆重。每年农历正月初九时，玉皇观前设立祭坛，寺僧要举行盛大的祝寿仪式，诵经礼拜。四乡信众云集于此，香烟缭绕，人头攒动，盛况空前，成为接龙场上的一大景观。

20世纪50年代，因受"破四旧"运动的影响，寺僧还俗，佛像、经卷等被毁，香火中断。殿宇被乡民据为民居，经风吹雨打，年久失修，房梁枯烂，现仅剩下房舍一间。

二、遗址概况

玉皇观遗址坐西向东，海拔762.5米，东经106°45′50″，北纬29°19′53″。遗址平面为长方形，东西长约34米，南北宽约23米，占地约782平方米。寺院基址大部被开垦为菜地，仅存配房1间（原为寺院灶房），面阔7.8米，进深6.3米，穿斗式结构，台基高0.96米。距寺址北侧200米处竹林中存僧墓1座，形制为石围土冢墓。墓葬通宽2.7米，通高1.58米，石围用加工规整的条石砌筑，土冢高0.64米，封门仅存半扇，室内填埋有少量积土，根据墓葬形制判断，该墓为清代石室墓。

玉皇观遗址

玉皇观遗址僧墓

玉皇观遗址僧墓封门

玉皇观遗址

玉皇观遗址

竹林寺

一、寺院概况

竹林寺，位于接龙镇柴坝村金堂合作社，始建年代不详。寺址坐东朝西，后靠土地杠，左接竹林湾，右邻林口山。寺周竹林葱茏，林深竹茂，寺后为土地杠山，山石嶙峋，山下有溪涧，清澈见底，水质甘甜怡人，青山秀水，景色宜人。据乡人刘明礼所述，寺院历史久远，祖上几辈人都曾在此敬香拜佛，历来香火旺盛。寺院为四合院布局，有戏楼、天王殿、大雄宝殿、三圣殿、南北配殿、钟鼓楼、川主殿等建筑，占地约 800 平方米。殿内供奉弥勒佛、释迦牟尼佛、西方三圣、观世音菩萨、地藏王菩萨、十八罗汉、川主菩萨等，形象逼真，栩栩如生。天王殿又为山门，一对石狮分卧左右，张口瞪目，体形结实健壮，望之令人生畏。寺后有古井，水清见底，无论寒暑皆不枯不溢。整个建筑为土木结构，木建筑为主体，布局紧凑，雅致精美，匠心独运。山门前，点缀片片紫竹，连片成林，寺后林木葱茏，花木繁茂，确为一风水宝地。每年的七月三十地藏王菩萨圣诞，寺院要办七天的庙会。还要准备素菜素饭，免费招待前来朝拜的善男信女。同时还要举行放生法会，以结善缘，增进功德。祭祀地藏王菩萨的信众来自附近村镇，远的来自贵州、綦江、南川等地。而附近十里八乡的人们在庙会期间都会暂时停止一般的活动，到竹林寺赶庙会，舍财放生，祈求地藏菩萨保佑。前来朝拜的香客还要在沿途和田野遍插"线香"。而寺僧还要带领信众举办"放焰口""拜忏"等宗教仪式，祈愿故者早日解脱。庙宇香烟缭绕，一派虔诚景象，煞是热闹。

20 世纪 50 年代，寺庙被毁。寺僧远遁他乡，井泉也无故干涸，寺址被村民开垦为农田。1986 年，有刘姓村民在寺院旧址掘出旧佛像，并募资建殿堂供奉。现每逢初一、十五，来此烧香拜佛的信徒不断，香烟袅袅，期待有缘再宣法音。

二、遗址概况

竹林寺遗址坐东朝西，海拔 538.4 米，东经 106°45′53″，北纬 29°12′23″。遗址地表现为开垦后的耕地，原寺院建筑格局已不存。近年来，乡民陆续在田间掘得佛像 2 尊，收于一处供奉。编号 D1：1、D1：2。

D1：1，佛像残，头部残缺，黄砂岩质，圆雕。着圆领宽袖长袍，呈站姿于方形台座之上，头部为现代补塑，颈部可见水泥接痕。双臂于体侧下垂曲肘，于腹前相合。表面风化起壳，残高 0.67 米，宽 0.31 米。

D1：2，佛像残，头部残缺，黄砂岩质，圆雕。着圆领广袖长袍，呈站姿于方形台座之上，颈部可见水泥痕迹，手臂残缺。残高 0.76 米，宽 0.45 米。

竹林寺遗址

竹林寺遗址佛像残件

竹林寺遗址

竹林寺遗址

观音阁

一、寺院概况

观音阁，位于接龙镇自力村申家基社，始建年代不详。寺址位于观音冈山脚，左邻石垭子坡，右接屋基湾，周围林木翁郁，遮天蔽日，环境幽雅，风景独秀。据乡民回忆，寺院为四合院布局，土木结构建筑，有龛师1人住庙。寺庙由山门、天王殿、观音殿、客堂、斋堂、钟鼓二楼和南北配殿等组成两进院落。正殿为观音殿，供奉有木雕千手观世音菩萨像，高约3米，身前有六只手，两手合十，两手结印，两手抚膝，头上还有一双手捧一坐佛。身后背光板上阴刻有120多只手臂，各手分执瓶、铃、轮、镜、弓、柞、盾等法器。佛像头戴宝冠，身披璎珞，面容丰腴，服饰典雅，神态端庄，形象逼真，惟妙惟肖。据说整尊佛像是由松、柏、杉、檀、梨等五种木料拼制而成。另有地藏王殿、韦驮殿、关帝殿、川主殿等。建筑飞檐凌空，怪兽伏脊，雕梁画栋，金碧辉煌。据说所供奉的千手观音有求皆应，引来四方香客膜拜。千手观音菩萨的千手表示遍护众生，千眼则表示遍观世间。千手观音菩萨的形象，常以六手、四十二手等象征千手，每一手中各有一眼。佛教认为，众生的苦难和烦恼多种多样，众生的需求和愿望不尽相同。因此，应有众多的无边法力和智慧去渡济众生。据《千手千眼观世音菩萨广大圆满无碍大悲心陀罗尼经》说，观世音菩萨在过去无量劫，听千光王静住如来讲《广大圆满无碍大悲心陀罗尼经》时，为利益一切众生，"即发誓言，若我当来堪能利益安乐一切众生者，令我即时身千手千眼具足"，"发誓愿已，应时身千手千眼悉皆具足"。无论众生是想渴求财富，还是想消灾免难，千手观音菩萨都能大发慈悲，解除诸般苦难，广施百般利乐。千手观音菩萨为观音部果德之尊。"千"为无量及圆满之义，以"千手"表示大慈悲的无量广大，以"千眼"代表智慧的圆满无碍。据《陀罗尼经》，千手千眼观世音能利益安乐一切众生，随众生之机，相应五部五种法，而满足一切愿求。经中说，千手观音菩萨是大慈悲的象征，只要虔诚地信奉千手观音菩萨，就有息灾、增益、敬爱、降伏等四大好处。观音信仰在民间历久不衰，是最为民间所熟知的菩萨。在巴蜀乡间有"家家阿弥陀，户户观世音"之称。当众生遇到任何的困难和苦痛，如能至诚称念观世音菩萨，就会得到菩萨的救护。

中华人民共和国成立后，寺庙曾一度废弃。1982年，乡中信众多方募化，在原址上重建了一间殿堂。并请匠师塑观音菩萨、川主菩萨、普贤菩萨等供奉，接续古刹百年香火。有信众在庙门撰写一副对联："觉路光明凡圣同游；法门平等人天共仰。"

二、遗址概况

观音阁遗址坐西向东，海拔401.6米，东经106°48′35″，北纬29°16′48″。遗址地表现为现代建筑所覆盖，原建筑格局已不存。发现有石猪残件1座，红砂岩质，圆雕，长0.74米，宽0.31米，高0.35米。猪身呈卧姿，猪头枕于土堆之上，双耳宽厚，前额阴刻横纹以示褶皱，上颌短粗，吻突较圆，虽面目风化，仍憨态可掬。

观音阁遗址

观音阁遗址石猪残件

神君殿

一、寺院概况

神君殿，位于巴南区界石镇桂花村张家沟社，始建年代不详。寺址坐南朝北，位于村里一土包之上。周围绿树成荫，花香鸟语，环境清幽，是一处难以多得的风水宝地。据村民杨才珍讲述，原寺院的建筑格局，为中国传统的院落形式，四面围墙成院，其间再以甬路、花墙相隔，分为东、中、西三个院落，主体建筑位于中院。前为牌楼式山门，正门高出，门上有石匾额，上镌"神君殿"三字。左右偏门略低，三门封顶皆为小青瓦。山门东西，各有殿堂两间，供有地藏菩萨、关圣等佛像。殿后，东侧钟楼，西侧鼓楼。正殿为寺院的中心建筑，供奉有石雕二郎神杨戬像。神像硕大，身披金甲，手执利刃，白面三目，英武威严。两旁列有鲁班神、财神、灵官、药王、眼光菩萨等神像。建筑整体结构严整，雕梁画栋，气派庄严。民间相传，古时在南泉虎啸口一带，有老蛟为害，兴洪决堤，兴风作浪。乡中父老日日焚香祈祷神灵降妖除魔。二郎真君发现此事，骑着战马带着义犬前往，义犬咬住老蛟的尾巴，使它不能逃脱，真君骑战马在綦江鸡公嘴驮了一方巨石来，施法术镇住老蛟，使它永世不得翻身。此时，鸡叫天亮了，战马困乏至极，再也跑不动了，倒地化作了一个山包，乡民称其为马鞍山。当地有"鸡公嘴的鸡叫，马鞍山的马叫"一说。后乡民在此山包上建寺庙以纪念，称为"神君殿"。

寺院在民国初期尚为道士住持，不知何故，在 20 世纪 30 年代已为僧尼住锡。以前从贵州至綦江，到重庆的茶马古道即从寺院前经过。那时乡民们从贵州背着腊肉、鸡蛋、茶叶等土特产，经界石镇到海棠溪渡江，到临江门后，再去储奇门交易。回去时则背着棉纱、盐巴等物。村中老人还记得当时挑夫吆喝的民谣："储奇门过——海棠溪，抬头望见——百斗梯，三个牛儿打架——鹿角场，鹅石板盖铺盖——界石场……"路过寺院时，往来客商、行人都要到庙里敬香祈祷，祈求真君保佑一路平安。当时寺院还有巴南公平人徐昌莹等3人在此出家为尼。每天还未亮，僧尼们做完功课后，会熬好大壶茶水摆在道边供行人解乏，但从不收分文。

20世纪50年代，寺院被毁，佛像被砸毁，僧尼们被迫各自返乡还俗。20世纪80年代，供电局拆除剩余建筑，在原址上建起配电所，神君殿从此匿迹，成为民间记忆。

二、遗址概况

神君殿遗址坐北朝南，海拔277米，东经106°36′18″，北纬29°24′19″。遗址上现建有配电所，原寺院建筑格局、风貌已不存。距寺址西侧500米处民居院前，发现有柱础石2件，石水槽1个，均为寺院遗物，根据雕刻工艺判断，应为清代遗物。

1. 石柱础

发现有2件，位置已移动，形制相同，由二层垒叠而成，下层为六边形，上层为圆形石鼓。直径0.48米，通高0.38米。

2. 石水槽

为青石打造，圆形，直径1.23米，通高0.42米。

神君殿遗址石柱础

神君殿遗址石水槽

神君殿遗址石柱础

铜鼓寺

一、寺院概况

铜鼓寺，位于巴南区界石镇钟湾村42社，始建于明弘治十六年，清代、民国均有维修。寺址坐东北向西南，左邻塔冈，右接玄方冈。距寺址前2里处有山冈名有打锣冈，相传寺院最初建于此，原建有观音殿、玉皇楼、川主殿等建筑，因多次被雷击火焚。长老和尚遂四处相地，方将寺院迁往新址。寺周古木参天，林郁景奇，寺院即掩映在这翁郁的密林之中。据村民彭君宽回忆，寺前原有月池一洼，山门为石牌坊，上刻"洞天福地"四个大字。进了山门，寺的前墙上嵌一大石碑，镌刻"阿弥陀佛"四个烫金大字。两侧为钟鼓楼，正门廊前有石狮、抱鼓石各1对，门额悬"静坐禅关"木匾。门内有拜庭、拜坛，坛上有亭。大雄宝殿气势宏伟，飞檐翘角，殿内木刻、石雕佛像彩绘遍饰，精美璀璨。大雄宝殿正面东、西台基边缘上有一对石雕盘龙柱，飞逸盘腾，工艺精湛。龙爪各抓一鼓一磬，击之发鼓、磬之声，神奇巧妙。大殿后为观音殿，内有千手千眼观音菩萨立像，系整根楠木雕就，通高约4米。佛像头戴花冠，冠上雕许多佛首，面容丰盈慈祥，两手于胸前合十。佛身两侧雕塑约有千只手，如两扇羽翼，错落有致，姿态各异。每只手或执法器，或执钟、鼓、书卷、珠宝、花果、乐器等多种物品，姿势各异，形态不一，雕工精美绝伦。佛像通身贴满纯金箔，金光灿灿，雍容华贵，为稀世珍品。中华人民共和国成立前夕，有山东籍人福国章等3人在此为僧。他体肥身短，不修边幅，却有一身好武艺，最善飞檐走壁。他臂力过人，拗屈铁枝如搓泥条。头部功夫更为突出，寻常砖墙，头一撞，就现一凹坑，村民称其为"铁头和尚"。夏日酷暑，夜间常有村民到寺前院坝纳凉，常有村民与"铁头和尚"开玩笑，请他表演功夫。只见他提劲上身，摇头击树，树身便晃动，如遇暴风，枝叶立时沙沙作响。寺前有枣树两株，每当枣树果熟之时，有些村中顽童便去找铁头和尚，求他取果。他也从不推辞，并笑问顽童取多少？要二十个或三十？只见他摇头撞树，落下之果数不多不少，恰为顽童所需之数。

中华人民共和国成立后，寺院建筑被改为村小学，继而僧众被逐，殿阁残落。有无知村民将千手观音像的金箔刮掉，再将佛像劈作发火柴而焚毁。遗址现仅存殿堂 1 间，已是残垣断壁。

二、遗址概况

铜鼓寺遗址坐东北向西南，海拔 379 米，东经 106°35′27″，北纬 29°21′33″。现仅存正殿，面阔三间 18.6 米，进深三间 12 米，高 6 米，下存台阶 3 级，木结构，悬山顶，抬梁式梁架，九架梁。脊檩题"明弘治十六年旦立"。

遗物发现有佛像残件 1 尊，位于遗址东侧 200 米处竹林中，头部已残缺，根据造型及雕刻工艺判断，应为明代遗物。

佛像残高 0.63 米，身披云肩，上有阴刻云纹，着长裙，裙长覆足，双臂于体侧下垂，屈肘，双前臂残断，广袖垂于体侧，呈坐姿于方形台座之上。

铜鼓寺遗址

铜鼓寺遗址佛像残件

铜鼓寺遗址

铜鼓寺遗址

宝台寺

一、寺院概况

宝台寺，位于巴南区木洞镇水口寺村雷家湾组，始建年代不详。寺址位于宝台寺冈山顶地势平坦处，坐东朝西，后靠大垭口尖尖山。古寺坐落在山清水秀的风水宝地之中，左侍右卫，玉带环腰。山间溪水清澈，柏林似海。寺院背靠连绵起伏的群山，可远眺万家灯火的木洞镇，令人心开意解，尘嚣顿消，可谓仙山佛国。据村民回忆，寺院旧有文殊殿、普贤殿、地藏殿、龙王殿等殿堂，有寺僧2人住锡。正殿未毁时，见石檐柱上有题刻为"清嘉庆十年"。20世纪50年代，寺庙被毁，寺僧被迫还俗，寺宇为乡民据为民居。建筑经村民逐年改造，变化较大。

二、遗址概况

宝台寺遗址坐东朝西，海拔437米，东经106°8′14″，北纬29°55′2″。寺院基址的特点是依地形的起伏，先用条石垒砌成平台，然后在平台上建造房屋，东西长约43米，南北宽约23米，占地约989平方米。原寺院为四合院布局，土木结构，现存寺院基址2进。

Ⅰ号台基位于遗址最西端，平面呈长方形，宽19米，进深11米。台基前端及左右两侧用条石垒砌，高2.4米。台基前端北侧存7级台阶，两侧垂带石及表面踏垛被破坏。在台基后侧中部有台阶9级与Ⅱ号台基前端相连。Ⅰ号台基地部分开垦为菜地，其余为荆棘所掩盖。

Ⅱ号台基位于Ⅰ号台基上方，高于Ⅰ号台基1.9米。台基前端用加工规整的条石垒砌，平面呈长方形，南北长约32米，东西宽约23米。由下殿基址、上殿基址、北侧厢房组成。下殿基址上已建有现代民居，仅中部可见有部分地面用条石铺砌，长6.5米，宽4.7米。上殿基址现存殿堂1间，为面

阔二间 9.6 米，进深 11 米，穿斗式结构，悬山顶，台基高 1.1 米，下存 6
级台阶。北厢房梁架，西侧、北侧墙面，已被村民改造，仅南侧墙面未变，
台基高 1.2 米，下存 6 级台阶。台基下叠压有一长柱状条石，上有题刻，阴
刻楷书"□□□南山瑞拥藏金殿"。

发现有石柱础 3 件、佛像 1 件，根据雕刻工艺及造型判断，应为清代遗
物。编号 D1：1、D1：2、D1：3、D1：4。

1. 佛像

D1：1，位于Ⅰ号台基北侧。佛像残，高浮雕，黄砂岩质，头、手、足
部均有残缺。头绾发髻，面部风化，肩披云肩，着长袍，左臂体侧屈肘，环
于腹前，左手疑扶一物（已残缺）。残高 0.63 米，宽 0.31 米。

2. 石柱础

D1：2，位于Ⅰ号台基北侧。青石质，为二层垒叠，下层为方形，上层
为圆鼓形，顶端有连珠纹饰。高 0.48 米，直径 0.36 米。

D1：3，位于Ⅱ号台基北侧厢房檐下，为石狮形柱础，狮座一体，青石
质，造型古拙。石狮前额短窄，目圆睁，鼻部圆而小，口横张，露出上下门
牙及右犬齿，左犬齿缺失。狮身蹲伏于方形台座之上，台座正面阴刻太极
图。通高 0.96 米，宽 0.33 米。

D1：4，位于Ⅱ号台基北侧厢房檐下，为长方形柱础，下层为长方形，
正面有浮雕蝙蝠图案，一端立有长方形石柱，柱上为圆鼓形。通高 0.46 米，
宽 0.29 米。

宝台寺遗址拓片

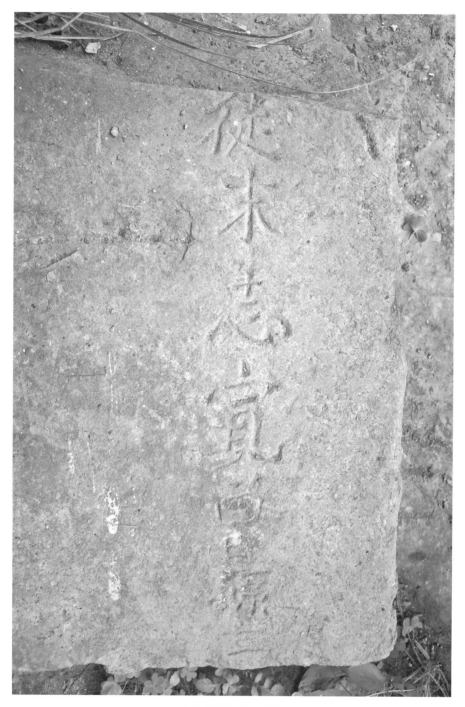

宝台寺遗址石碑残件

宝台寺遗址石柱础

宝台寺遗址石柱础

宝台寺遗址石柱础

宝台寺遗址石刻

宝台寺遗址

宝台寺遗址佛像残件

宝台寺遺址石柱础

白云寺

一、寺院概况

白云寺，位于巴南区南彭镇大鱼村 19 社。据民国《巴县志》卷二《寺观》载，始建于明，清康熙五十一年、乾隆五十年俱曾补修。寺址位于樵坪山尖顶坡下，左靠塔湾，右接烧场坡。樵坪山横跨南泉、南彭镇，为向斜地台低山，面积 25 平方公里，平均海拔 650 米，最高峰马鞍山海拔 750 米。从山下往上看，樵坪山于盆地中孤峰拔起，峭壁险峻。登临山头，只见四周冈峦列布，高下无殊，俨如平川。樵坪山自宋代始就为佛教圣地。自古名山多古刹，山中共有大小寺庙 48 座（处），其中规模宏大的有 14 座，现遗址多已不存。其中尤以白云寺最负盛名，相传每逢春夏季节山间白云缭绕笼罩寺院，若隐若现，景色奇异，故名为白云寺。明万历二十五年（1597），瑞王朱常洁避难重庆，就曾于白云寺驻足。据村民蒋中和回忆，白云寺旧有三进院落，木质结构，有亭宇、楼阁、大殿、厢房数百间。寺院内外松柏葱郁，寒梅飘香。大殿雕梁画栋，金碧辉煌。有各类石雕、木凿、泥塑佛像几百尊，常年香火鼎盛。大雄宝殿供奉的释迦牟尼佛像，为樟木所制，高约 5 米，通体鎏金上彩，佛像双目微睁，面相慈祥，结跏趺坐在莲台上，显得格外庄严肃穆。中华人民共和国成立前有寺僧 2 人住锡，长老和尚僧荣辉，徒弟僧云成。据说老和尚精于武艺，其绝技为"连手镖"，在百米之内，连续甩飞镖，如连珠箭一样，闻风即到，极其难防，厉害无比。

20 世纪 30 年代，在巴县兴起"庙产兴学"运动，经老和尚同意，借用寺院下殿创办了南彭七保校白云寺分校。1950 年春，土匪暴乱，匪徒攻占区政府时僧云成牺牲于剿匪战场上，后被追认为革命烈士。老和尚于 20 世纪 60 年代初参透生死圆寂，安详涅槃。

二、遗址概况

白云寺遗址坐北朝南，海拔 426 米，东经 $106°39'7''$，北纬 $29°22'15''$。因学校的改扩建，原寺院的建筑格局已不存。发现有佛像残件 1 尊，位于寺址南部约 100 米处商店旁，根据雕刻工艺及造型判断为清代遗物。佛像为青石质，圆雕，头部、臂部残缺，呈坐姿于方形台座之上，着铠甲，外披偏袒右肩长袍，残高 0.90 米，宽 0.58 米。

白云寺遗址佛像残件

白云寺遗址

东岳庙

一、寺院概况

东岳庙，位于巴南区南彭镇高碑村 14 社，始建年代不详。寺址坐北朝南，位于东岳庙岗山顶，后靠蔡家山，左邻姚家山，右接苏家坝。此庙高踞于高碑村东山岗之上，环境幽僻，山冈之上松柏翠茂，四季常青，环境优美，为修身养性的福地。寺院旧为四合院布局，土木结构建筑，有山门、戏台、地藏殿、地狱殿、正殿、清虚宫等建筑。山门前还立着一根长长的铁制灯竿，每天夜间，寺僧挑着一盏油灯升到竿顶，夜夜灯光闪烁。据说只要能见到灯光发出的地方，都能四季平安、风调雨顺，故这盏天灯也是山下百姓心中的平安灯、吉祥灯。

东岳庙是祭祀泰山神——东岳大帝的庙宇。传说东岳大帝是冥司之主，掌管人间的贵贱高低、科禄长短，又是掌十八地狱、六案簿籍、赏善罚恶、主生死之期的冥府之神。泰山神于唐玄宗时被封为"天齐王"。宋真宗祥符四年（1011）又加封为"天齐仁圣帝"，自此以后，东岳庙遍及天下。元世祖至元二十八年（1291）又尊其为东岳大帝。每年的农历三月二十八东岳大帝诞辰，在明清两代被列入国家祀典，朝廷岁时遣官致祭，东岳庙成为敕建的官庙。而在民间，各行会尊奉而募资修建的东岳庙，和遍布各乡村满足乡民祭祀需要的东岳庙则数量更多。

据村民回忆，寺庙旧有寺僧 2 人住锡，每年会期不断。规模最大的要数每年农历三月二十八的东岳会。在会期之前寺僧要先在灵官菩萨像前焚香占卜，选得吉时。而后各乡会首开始募化钱粮，并登记造册。而镇上的一些行会组织，如丝棉帮（经营布匹的行业商会）、杜康帮（经营酒类的行业商会）、鲁班会（由木作、瓦作、棚行、石行、陈设、彩作等组成的行会组织）及各类药店、山货店、粮店等行业，也要捐资出力，助善结缘。各行会所献物品数量品种之多，五花八门，有袍帛、烛香、茶、香炉、灯架、白纸、笔墨、砚台，等等。

庙会开始之前要先举办"请神"仪式，在寺院天井中央搭建的神台上，供有东岳大帝的神牌位，到了选定的时辰（一般是在农历三月二十八夜间），一阵鼓乐响起，从大殿内走出一位请神的"掌坛师"，身后跟着从其他地方请来相助的高僧、道士。他们双目微闭，口中唱诵着经文，有的手执乐器或法器，沿着大殿前的台阶一步步走到神台前。"掌坛师"站在中央，僧侣们分列两侧，从供桌上捧起东岳大帝的神牌，口中念念有词。在众僧的念经和鼓乐声中，再一步步返回大殿，将神牌供奉在香案上，法会就算正式开始。"请神"法会要持续到次日凌晨才结束。是日清晨，庙门还未打开，庙门外已是人头攒动，人声鼎沸。山门一开，香客蜂拥而入。在求神许愿之后，还要在山门外燃放鞭炮，祈愿一年平安顺利。庙会一般要持续一个月才结束。

20 世纪 50 年代寺庙被毁，寺僧远遁他乡。

二、遗址概况

东岳庙遗址坐北朝南，海拔 465 米，东经 106°42′37″，北纬 29°22′46″。寺院为四合院布局，原寺院建筑格局已不存。现寺院基址上建有现代民居。发现有佛像 1 座，佛像底座 1 个，根据雕刻工艺判断，应清代作品。

1. 佛像

佛像为青石质，圆雕，黄砂岩质。头部、臂部已残缺，表面风化，头部为现代补塑。残高 1.24 米，宽 0.43 米。

2. 佛像底座

佛像底座为青石质，须弥坐式，长 0.76 米，宽 0.36 米，高 0.38 米。已残缺。

东岳庙遗址

东岳庙遗址

东岳庙遗址佛座

东岳庙遗址佛像残件

高滩寺

一、寺院概况

高滩寺，位于巴南区南彭镇鸳鸯村 4 社莲花山上。据民国《巴县志》卷二《寺观》载，高滩市始建于明，清乾隆九年及道光、咸丰、同治年间俱曾培修。相传明朝建文皇帝由滇入蜀，途经莲花山时，见山势雄伟，林木苍翠，瀑布垂挂，溪流叮咚，泉水甘甜，宝气盖顶，便结茅为庵，住锡绝顶，终老此地。

在中国历代皇帝中，建文皇帝的经历和遭遇最为奇特。他的离奇失踪，无疑是最扑朔迷离、最引人关注的历史悬案。由于传说纷纭，而正史、野史的记载又互相矛盾，更使得它蒙上了一层神秘的历史面纱，疑窦重重。建文帝姓朱名允炆，生于明洪武十年。是明开国皇帝朱元璋的孙子，太子懿之次子。懿病死，洪武二十五年（1392）九月立为皇太子。朱元璋死后，不按常规办，不让儿子继位，而让皇太孙朱允炆继位，是为明惠帝。因明惠帝的年号为建文，于是一般又称其为建文帝。建文帝当权后，采用齐泰、黄子澄的策略削藩，以加强中央集权，惹怒了其叔父燕王朱棣，矛盾激化，被燕王起兵击败，攻陷京师（南京），夺取帝位。朱棣即为明成祖，因年号永乐，一般又称其为永乐帝。传说建文帝兵败时，得到先帝朱元璋所留红色密箧，内有白金十锭，度牒三张，袈裟帽鞋剃刀俱备，朱书一份。于是建文帝削发换僧衣，由程济、吴王教授杨应能、御史大夫叶希贤等 9 人陪同，从暗道逃脱。从此以僧人面目浪迹天涯，云游四方，流连于滇、黔、蜀间。川、渝、云、贵四省市，几乎到处都有这个落难皇帝的传说，其中尤以重庆为最多。重庆的不少地名，都是因他而取的。如巴南的圣灯山，磁器口曾经叫龙隐镇，南岸的建文峰等。

传说建文帝在彭家场（南彭）莲花山住锡后，发现这里的风水不一般，

413

颇有"龙盘虎踞"之气,便倾其所有修建了"高滩寺"。据村民回忆,中华人民共和国成立前寺院还有潜龙阁、大雄宝殿、观音殿、伽蓝殿、祖师殿等建筑。祖师殿供奉有燃灯古佛,又供有祖师画像,据说那就是建文帝的画像。高滩寺还有相传数百年的寺规,就是寺院的僧众不能满百,只能保持在九九之数。这可能与明皇室崇尚"九"为最大、最吉祥的数字有关联。

20世纪50年代,寺院被改为村小学使用,寺僧四散。"文化大革命"中寺院珍藏的诸多文物悉数被毁。寺址现为某度假酒店占据,仅余老桂一株。1998年,当地信众募资在距寺址北边千余米处、高滩寺瀑布悬崖边重塑佛像,接续古刹香火。

二、遗址概况

高滩寺遗址坐南向北,海拔343米,东经106°39′10″,北纬29°19′49″。寺院基址现已被现代建筑覆盖,原寺院建筑格局已不存。

高滩寺遗址

高滩寺新址

高滩寺新址

高滩寺旧址古桂

高滩寺新址

观音阁

一、寺院概况

观音阁，位于巴南区南彭镇白合子村 19 社，始建年代不详。寺址坐东向西，位于观音岩山顶，依崖而建。旧为单殿式木质建筑，中华人民共和国成立前已无寺僧住锡，有龛师 1 人住庙。据村民回忆，寺庙供奉的观音菩萨特别灵验。每年观音会期间有南川、綦江等地信众携带干粮，风尘仆仆，到观音庙来上香求签，求菩萨加持。村民罗树碧回忆，有一年九月十九（传为观音菩萨出家日）观音会，来朝山拜佛的信男善女特别多。各乡会首聚于寺庙大殿，带领信众诵经上香，祈祷菩萨加持，四乡风调雨顺。在龛师主持的拜忏仪式快要结束时，有虔诚的信众忽然看见在天空中有一朵奇特的云，其形状轮廓竟然和观音菩萨十分相像。眼见菩萨显圣，来朝山的香客全都躬身参拜。越叩拜，观音菩萨的轮廓就越分明。圣像脚踩莲花，头上的顶冠、身上的衣裙，特别是脚下的莲花花瓣，都显示得清清楚楚。上部分为白色或暗白色，莲花瓣为白灰略暗，整个身形高大修长，庄严清净。整个过程持续了十分钟左右，观音菩萨又变幻成了侧面。面朝西北方向，也就是观音阁的方向，侧影也是清清楚楚。只见其身形随微风越拉越长，身后似乎衣裙飘摇，拖得很长。其风采飘逸神奇，美丽而端庄，转眼间又化成了一条长长的丝带，向着观音阁的方向逐渐散去……当时四周旷野，万籁俱静，天空也没有一朵其他的云彩。来寺庙朝拜的上万信众目睹此景，莫不目瞪口呆，感叹佛法不虚。在《法华经》里，佛告诉诸位菩萨说，如果有人受着各种痛苦和烦恼，如果有人有了大灾大难，如果有人生命遇到危险，如果有人贪欲心重，只要他们称念观世音菩萨的圣号，菩萨就会寻声而至，救苦于危难之中。如果有人供奉观世音菩萨，其功德更是不可思议。

二、遗址概况

观音阁遗址坐东向西，海拔481米，东经106°37′44″，北纬29°20′7″。寺址因废弃后多年破落，原寺庙的建筑基址、格局不存。1998年，当地村民募资建殿堂1间重续香火。发现有佛像4尊，根据雕刻工艺判断，为清代遗物。编号D1：1、D1：2、D1：3、D1：4。

D1：1，位于遗址东侧山崖下，圆雕，青石质。戴冠坐像，通高0.68米，身高0.49米，肩宽0.16米。戴冠梳发髻，发际线缓平，面部高0.06米，鼻高而直，嘴小唇线轮廓清晰。头两侧浅浮雕，冠缯带下垂，胸前戴璎珞。右肩处可见下垂衣缘，左肩处风化。双腕处向外翻出衣袖搭于膝外侧。结跏趺坐于束腰仰覆莲台上，右足在上，双臂于体侧下垂，双手于腹前相合，右上左下，手部风化。莲座高0.19米，莲座台面为双层仰莲瓣，座基为单层覆莲瓣，座下为方形台基。佛像造型略为呆滞，比例失调。

D1：3，位于遗址南侧山崖下，为土地公造像，高浮雕，红砂岩质，表面已风化脱落。着长袍，疑似戴直角幞头。

D1：2，佛像残，仅存腿部，呈结跏趺坐姿，位于遗址东侧山崖下，圆雕，青石质。残高0.34米，座基风化。

D1：4，位于遗址西北侧约300米处山腰。浮雕山王造像，红砂岩质。表面酥粉、起壳，细节已不可识。残高0.86米。

观音阁遗址远眺

观音阁遗址

观音阁遗址佛像残件

观音阁遗址

观音阁遗址浮雕土地公造像

观音庙

一、寺院概况

观音庙，又名子孙庙。位于巴南区南彭镇白云社5社，始建年代不详。寺址坐南朝北，位于红岩头山顶，依崖而建。左邻瓦岩岗，右接团山堡。寺址后有五个山冈并列，绵绵相连，逶迤向北。形似五匹高头大马，形态生动逼真，乡民称为"五马归槽"。而观音庙正位于山脉的"结穴处"，是一块至尊风水宝地。寺庙为三合院式布局，木质结构，有殿堂2间，中华人民共和国成立前有龛师1人住庙。据传说，以前此间有一富绅，不仅有良田千亩，还有几十间粮庄，可谓富甲一方。但越是家大业大，富绅却越来越焦急，眼看着就步入不惑之年了，他竟然连一个孩子也没有。有年天旱，庄稼受到了烈日的暴晒，颗粒无收。一天晚上，富绅酣然香梦之中见到观音菩萨显圣，叫他速将粮仓敞开，赈济灾民，以累积阴德。富绅生性好佛，醒来不敢怠慢，立即开仓放粮，救济乡亲们渡过了难关。后来，富绅又在梦中见到观音大士显圣，携带着一个小男孩，莲步款款地来到自己家里。夫妻一见，情不自禁地迎上前去，顺手就将大士手中牵着的这位面容温润、骨骼清峻的小男孩一把搂入怀中，备加怜爱……说来也怪，此后富绅的夫人竟然怀孕了，十个月后顺利地生产。富绅为感恩菩萨加持，于是又出资请风水先生，遍寻宝地，修建了这所观音庙。中华人民共和国成立前，庙中还供有一尊高约2米、檀香木所制的送子观音像。据说乡间有求子者只要在菩萨座前诚心叩拜，再摸摸这尊佛像，或口中诵念或心中默念观音菩萨圣号，即可得子。因菩萨灵验，朝拜者甚众。

20世纪50年代，寺庙被毁。2003年，当地信众募资在原寺址处重建殿堂，接续香火。

二、遗址概况

观音阁遗址坐南朝北，海拔 451 米，东经 106°39′46″，北纬 29°22′17″。原寺庙的建筑基址、格局已不存。存石窟造像 2 龛，佛像 1 尊。两龛分别编号 001、002，位于同一石平面上。佛像编号 D1：1，石柱础编号 D1：2。根据雕刻工艺判断，应为清代遗物。

001 龛为长方形龛，高 0.85 米，宽 0.46 米，深 0.25 米，缓弧形龛顶，龛壁平。龛内正壁存圆雕造像 1 尊，已残缺，仅存身躯。外穿长袍，袒露右肩，可见胸甲。腰系带，右腿处可见裙甲。残高 0.67 米，宽 0.47 米。

002 龛为长方形龛，高 1.04 米，宽 0.69 米，深 0.47 米，龛顶为圆弧形，龛壁平，有明显粗凿痕。龛内正壁存圆雕造像 1 尊，头部、臂部已残缺，身披袈裟，残高 0.72 米，宽 0.46 米，身躯风化。呈结跏趺坐于束腰仰覆莲台上，莲瓣为单层，上阴刻祥云纹。座基为素面方形。

D1：1，位于石窟前地面，佛像头部、右臂部残缺。圆雕，红砂岩质，残高 0.85 米，宽 0.48 米，呈坐姿于方形台座之上。外着长袍，袒露右胸处可见有胸甲。

D1：2，位于石窟西侧约 50 米处草丛中，为两层垒叠而成，上层为圆鼓形，下层为方形，通高 0.45 米，直径 0.37 米。

观音庙遗址佛像残件

观音庙遗址佛像残件

观音庙遗址佛像残件

观音庙遗址

427

观音庙遗址佛像残件

观音庙

一、寺院概况

观音庙，位于巴南区南彭镇高碑村6社，始建年代不详。寺址坐东朝西，依山而建，后靠大堡冈，左接雷打石冈，右邻苟家沟。四周山脉环绕，左山如青龙，右山如白虎，实为灵山胜地。寺院为四合院布局，两进院落。有山门、罗汉堂、东岳殿、观音殿、燃灯殿、娘娘殿等殿堂。各座建筑皆依山顺势，梯次上升，布局疏密得体，错落有致。据说寺址后山坡上原有青石一块，上有天生三孔，一大二小。大孔每逢子时会溢出大米，不多不少正好够寺僧食用，而小孔却会溢出香油，用于点观音圣像前的长明灯。传说以前寺院的灯油都是由此石孔中溢出，佛像前的油灯从来没熄灭过。"文化大革命"时青石当作封建迷信的象征被炸毁。山门前有两棵合围粗的白果树，枝繁叶茂，每年要结600多斤的白果。20世纪60年代，庙内大部分佛像被捣毁，建筑亦被拆除。

二、遗址概况

观音庙遗址坐东朝西，海拔474米，东经106°43′0″，北纬29°22′2″。遗址地表现为荒草所覆盖，原寺院建筑格局已不存。发现有佛像3尊，位于寺址西侧，并排而列，编号D1：1、D1：2、D1：3。石狮1只，位于遗址北侧约1000米处民居院中，编号D1：4。根据雕刻工艺判断，应为清代遗物。

D1：1，圆雕，青石质。头戴圆帽，面相方圆，广额丰颐。挑眉、眼尾斜长，鼻部残失，嘴唇闭合，嘴角略向上，下颌阴刻弯月弧线，神态安详恬静。身着圆领宽袖长袍，呈站姿于方形台座之上，颈部有接痕。双臂于体侧下垂，于腹前合拢捧一物。宽袖于手腕处外翻垂于体侧。足部已残失。通高0.87米，宽0.34米。

D1：2，佛像残，头部为现代补塑。身着广袖长袍，呈坐姿于方形台座之上，胸前长髯飘洒。残高1.24米，宽0.38米。

D1：3，佛像残，头部为现代补塑。身着广袖长袍，呈坐姿于方形台座之上，腰系带。残高1.1米，宽0.36米。

D1：4，石狮通高1.25米，宽0.46米。右足踩绣球，呈蹲状于方形台座之上。头扁方，眼球圆，鼻部残失，嘴唇宽而厚，口含锦带，体态短胖。

观音庙遗址石狮

观音庙遗址

观音庙遗址佛像残件

观音庙遗址佛像残件

432

观音庙遗址佛像残件

观音庙遗址石狮

青莲寺

一、寺院概况

青莲寺，位于巴南区南彭镇石岗社区塔罗村。据民国《巴县志》卷二《寺观》载，始建于明。寺址坐西朝东，位于水鸭子冈山脚，左邻坳口冈，右接芦家嘴冈。因寺周重峦叠嶂，气势磅礴，逶迤回旋，状如莲花，故名"青莲寺"。寺院为四合院布局，木结构，有藏经楼、释迦殿、罗汉楼、地藏楼、灵官殿等建筑。寺址后有清泉一股，潺潺不息，天旱地涝同一水位，实属罕见。寺外林木葱茂，野草鲜花，馥郁芬芳，令人心旷神怡。据村民回忆，藏经殿始建于清代，是贮藏经文的场所。曾藏经二千多卷，因后世兵荒马乱，在民国年间已大部佚失。释迦殿中供有木胎泥塑释迦佛像，高及屋顶，金装彩绘，形态逼真。释迦佛两侧分列有玉皇大帝、真武帝君、川主菩萨等神像，这与其他寺院释迦殿供奉的佛像有所不同。根据村民的描述，寺院应为释、道合一的寺院。儒、佛、道三教合一的思想初起于唐，到了晚明，三教合一的思想已经蔚为风气。在清代至民国时期，巴蜀地区三教合一的寺院就已经比比皆是了。青莲寺始建于明，初为禅院，但至少在民国时期，已演变为释、道合一的寺院，这对研究佛教在巴蜀地区的流传和演变有一定的意义。20世纪30年代，因"庙产兴学"运动的兴起，寺院曾被用作学堂，但寺僧仍于庙住锡。20世纪50年代，佛像、法器、文物、经卷、图书俱遭焚毁，寺僧远走他乡，房屋仍作为小学，继续发挥着古寺办学的作用。后来学校搬迁后，成为乡民居所。华岩寺佛教遗址考察组前去考察时，正赶上村民将寺院建筑拆毁。地上到处堆放着从建筑上拆下的老木料构件，乡民正挥斧将其劈为柴火。木料堆中仍可见雕凿精美的撑拱、雀替残件，可窥当初寺庙的辉煌气派。

二、遗址概况

青莲寺遗址坐西朝东，东经 106°42′28″，北纬 29°18′7″。基址呈长方形，东西长约 52 米，南北宽约 26 米。地表现为才复垦的耕地，被拆毁的老木料堆于基址东北侧。寺址西侧残留台基遗迹，残长约 11 米，高 1.2 米，用加工规整的条石垒砌。台基偏北侧存 6 级台阶，两侧垂带石被破坏，表面踏垛完整。台基东侧 40 米处为山门遗址，残存 8 级台阶，表面踏垛已被破坏，台基高 3.2 米。

基址西南侧存石碑 1 通，青石质，高 2 米，宽 1.42 米，厚 0.22 米，文字基本可识。

青莲寺遗址

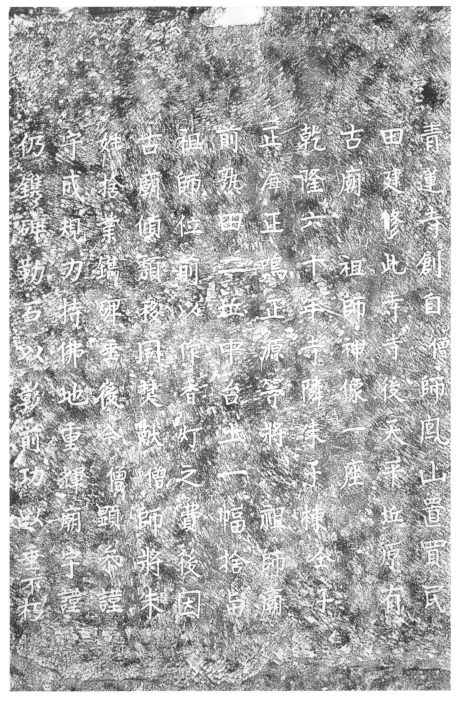

青莲寺遗址石碑拓片

青莲寺遗址

青莲寺遗址石碑

青莲寺遗址

石洞寺

一、寺院概况

石洞寺，位于巴南区南彭镇鸳鸯村 4 社，始建年代不详。据民国《巴县志》卷二《寺观》载，清乾隆三十年、六十年补修。寺址坐南朝北，后靠冬帽山，东西两侧有山冈相护。寺周山峰耸秀，峰叠如麓，寺前茂林修竹，奇异多姿，景色迷人。寺院选址颇具匠心，依山就势，利用上、下两层天然石洞，建筑大雄宝殿和川主殿。游人一观，犹如空中楼阁，高耸壮观，别有一番风景。岩洞上层为大殿，供奉释迦佛、观音、药师佛、关圣等石质佛像。岩壁还有清代题刻，因年代久远，已经字迹不清。下层建筑依石洞建有三合院式木质建筑，分隔为三部分。中间为川主殿，东西两侧分别为比丘及比丘尼的寮房。20 世纪 50 年代，寺院被毁，寺僧走散，建筑为村民据为民居。原有四户村民在此落户。2001 年前后，村民陆续迁走，遗址现仅存残垣断壁。

二、遗址概况

石洞寺遗址坐南朝北，海拔 440 米，东经 106°39′42″，北纬 29°19′7″。寺址依山就势，利用上、下两个天然石洞建成殿堂，现建筑格局保存完好。上层石洞高约 4 米，深约 7 米，洞口宽约 18 米，距地表约 50 米，石洞平面呈缓弧形。洞口残留墙面，东西残长约 6 米，残高 0.7~2.1 米，厚 0.4 米。墙面用大小不同的石块加白灰砌筑。南侧洞壁有题刻，长 0.90 米，宽 0.66 米，距地表 0.53 米。阴刻楷书"幽谷胜景"，落款为"嘉庆二十年□□"。题刻西侧有题记 1 处，已漫漶不清，呈长方形浅龛凿于岩壁上。龛宽 0.84 米，高 1.14 米，仅题记首部有文字可识。岩洞内发现有佛像残件 1 尊。

下层岩洞东西长约 38 米，高约 15 米，南北宽约 13 米。洞口北侧有台基遗迹，前端用条石垒砌，高 0.86 米。地面用青石板铺砌，残长 2.6 米，宽 0.55 米。发现有佛像残件、佛像底座。

调查发现有精美石质佛像 7 件，佛像底座 2 件。根据雕刻工艺及石质构件造型判断，均为清代遗物。

1. 石质佛像

编号 D1：1、D1：2、D1：3、D1：4、D1：5、D1：6、D1：7。

D1：1，位于遗址上层岩洞西侧，圆雕，青石质，佛像残，头部缺失，表面布满青苔。着圆领宽袖长袍，呈坐姿于方形台座之上。双臂于体侧下垂，于腹前合拢，手部风化。衣袖于手腕处外翻，阴刻纵线以示衣纹。残高 0.6 米，宽 0.41 米。

D1：2，位于遗址下层岩洞西侧，佛像残，头部缺失。圆雕，青石质，着圆领宽袖长袍，呈坐姿于方形台座之上，袍长覆足，仅露出鞋尖，腰系带。双臂于体侧下垂，右手于腹前执带，左手抚于膝上，掌指同前，掌心向下。整尊造型轮廓清晰，比例匀称，生动自然。残高 0.64 米，宽 0.39 米。

D1：3，位于遗址下层岩洞西侧，佛像残，圆雕，青石质，仅存腿部，残高 0.45 米，宽 0.34 米。

位于遗址西侧约 1000 米处竹林中，环列 9 尊佛像，均为圆雕，青石质，位置已移动，现择其代表作为标本介绍。

D1：4，佛像残，头部缺失，立像。着圆领宽袖长袍，垂至足部，双臂屈肘，双手合于胸前，为巾状物所覆盖，上有方形深凹孔。宽袖垂覆身体两侧，有纵长阴线刻褶皱。残高 0.85 米，宽 0.37 米。

D1：5，佛像残，头部缺失，呈坐姿于方形台座之上。着广袖袍，宽袖垂覆身体两侧。双臂屈肘，双手合于腹前，手部残破。残高 0.69 米，宽 0.32 米。

D1：6，佛像残，头部缺失，呈坐姿于方形台座之上。着长袍，双臂屈肘，于胸前合拢，为巾状物遮盖。残高 0.65 米，宽 0.34 米。

D1：7，佛像残，头部缺失，立像，表面布满青苔。着圆领宽袖长衫，双臂屈肘，双手于胸前持一方形物，宽袖垂覆身体两侧。

2. 佛像底座

编号 D1：8、D1：9。

D1：8，位于遗址下层岩洞北侧，底座立面呈梯形，上端长 0.6 米，底端长 0.93 米，高 0.26 米。中部镂雕方形深台，上下端高浮雕人物图案，已残缺。

D1:9，位于遗址下层岩洞西北侧，半淹没于泥土之中，长满苔藓，平面为正方形，顶部为圆形。长 0.84 米，宽 0.81 米，露出土部分高 0.26 米。

石洞寺遗址佛像残件

石洞寺遗址佛像残件

石洞寺遗址佛像底座

石洞寺遗址佛像底座

石洞寺遗址佛像残件

石洞寺遗址佛像残件

石洞寺遗址佛像残件

石洞寺遗址石盆

石洞寺遗址

石洞寺遗址佛像残件

石洞寺遗址题刻

石洞寺遗址

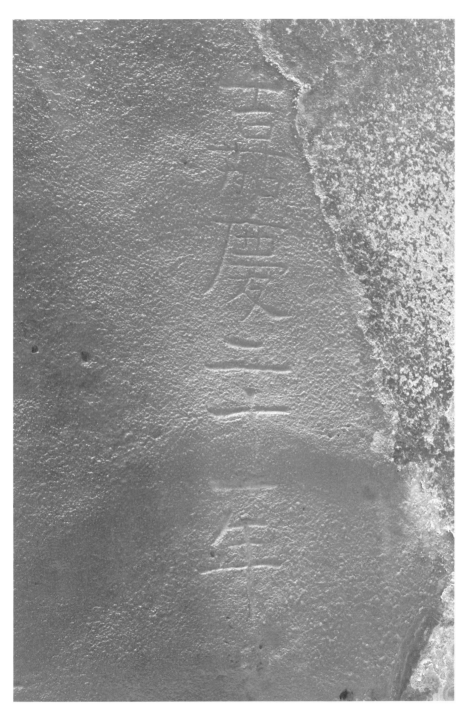

石洞寺遗址题刻

石洞寺遗址佛像残件

石洞寺遗址佛像残件

石洞寺遗址佛像残件

石洞寺遗址佛像残件

石泉寺

一、寺院概况

石泉寺，位于巴南区南彭镇将军湾村石峡子山顶，始建于清光绪九年。石峡子山势陡峭，山中尽是伟岸峭壁，似鬼斧神工砍削而成。远眺山林、峰峦，时而云雾缭绕，山色朦胧，时而烟消雾散，碧空如洗。寺院建在山顶峭壁边，依崖而建。原为单殿式木质建筑，占地约 300 平方米。殿内供有泥塑玉帝、王母、四大天王、八大金刚等佛像。20 世纪 30 年代时已无寺僧住锡，有龛师守庙。寺址位于彭家场（南彭）到跳石的山道边。自建寺以来，常年香烟缭绕，朝拜进香者不断，每逢初一、十五，更是热闹非凡，人如潮涌。据寺址东北侧 50 米处，尚存"寨门"遗迹，系条石砌造，拱顶，高约 3 米，宽约 2 米，地势十分险要。当地老人们回忆，依稀记得寨门上有题刻为"大清乾隆癸酉年"。20 世纪 50 年代，寺庙被毁，遗址现存石龛造像 3 龛，石壁上有题刻，记载寺院建于清代。

二、遗址概况

石泉寺遗址坐南向北，海拔 916 米，东经 106°42′57″，北纬 29°16′14″。寺址依山而建，因年代久远败落，建筑格局已不存。在寺址背靠的崖壁上，发现石窟造像 3 龛（编号 001～003），题刻 2 则。龛窟方向基本为坐南向北，根据雕刻工艺判断年代为清代。

001 窟位于遗址最东端，002 窟左上方，与 002 窟不在同一石平面上。形制为长方形龛，高 1.08 米，宽 0.68 米，深 0.32 米。缓弧形龛楣，龛壁平。龛内存高浮雕坐像 1 尊，高 0.92 米，肩宽 0.21 米，头部为现代补塑，颈部有水泥接痕，全身多处长有苔藓。着长袍，颈戴念珠，下垂及腹。胸部风化。双臂下垂，双手于腹前合拢，已残缺。腹下大带下垂，大带上浮雕双钱结。

002 窟位于 001 窟右下方，形制为长方形龛，高 0.67 米，宽 0.48 米，深 0.12 米。缓弧形龛楣，右上方龛门残缺。龛内存高浮雕坐像 1 尊，为土地公造像，高 0.37 米，宽 0.27 米，风化严重，似头戴幞头，着长袍。

003 窟位于遗址岩壁中部，002 窟右上方，距地表 1.58 米。为方形双重龛，外龛高 0.99 米，宽 0.82 米，深 0.32 米，内龛高 0.92 米，宽 0.8 米，深 0.29 米。龛外石壁上有圆形凿洞。缓弧形龛楣，右侧龛楣风化脱落，龛壁平。龛楣上有扇形额匾，阴刻楷书"普陀岩"，龛柱上有联："石峡济群生；金沙□普度。"龛内正壁中央高浮雕坐像 1 尊，主尊两侧倚龛门造立像 2 尊。坐像头部为现代补塑，全身风化剥落，身披袈裟呈结跏趺坐姿于束腰莲座之上，双手于腹前合拢，捧一物，高 0.88 米，肩宽 0.22 米。莲座风化，基座有水泥补痕。立像已风化，仅左侧立像可识小腿部似着裹腿或裤，着履。左侧立像高 0.54 米，宽 0.13 米，右侧立像高 0.52 米，宽 0.12 米。

题刻位于 001 窟左侧石壁面，两则题记并排而列。呈长方形龛凿于岩壁上，阴刻，楷书。大部分文字已漫漶不可辨识。

石泉寺遗址石窟造像

石泉寺遗址题刻

石泉寺遗址题刻

石泉寺遗址题刻

石泉寺遗址石窟造像

石泉寺遗址后寨门

石泉寺遗址后寨门

石泉寺遗址石窟造像

石泉寺遗址远景

石泉寺遗址

寿敦寺

一、寺院概况

寿敦寺，位于巴南区南彭镇忠兴社区周家坡村。寺址坐西北朝东南，位于庙坪冈顶，左观甘鱼塘冈巨嶂横列，气势磅礴，右望张家冈秀丽挺拔，林壑幽深。寺前丘峦突兀，绿树苍翠欲滴。寺院原为四合院布局，木质建筑。据村民何祥珍回忆，寺院有三进院落，占地约 2000 平方米。整个建筑群沿中轴线布局左右对称，有天王殿、藏经阁、川主殿、大雄宝殿、地藏阁、经堂、僧寮等建筑。山门外有石牌楼 1 座，石额匾上书"广佛寿敦禅寺"。大雄宝殿前有棵百年核桃树，每到夏、秋两季，枝繁叶茂，浓荫蔽日。整个殿宇楼阁，鳞次栉比，经堂僧舍，错落有致。寺院常年香烟缭绕，梵声悠扬，晨钟暮鼓，空谷传音。朝拜进香者长年不断，每逢农历九月十九，更是热闹非凡，人如潮涌。高峰时竟夜宿三千，会期长至一月才结束。20 世纪 50 年代寺院曾被作为学校使用，"文化大革命"中被毁。现当地乡民所建房屋墙面上，仍随处可见原寺院建筑的石质构件。

二、遗址概况

寿敦寺遗址坐西北朝东南，海拔 484 米，东经 106°43′27″，北纬 29°24′45″。寺院基址南北长约 48 米，东西宽约 37 米，占地约 1776 平方米，平面呈长方形。寺院基址的特点是，主要建筑以中轴线贯穿全寺，次要建筑建于中轴线两侧，对称布置。地表现状为耕地和现代建筑，仅残存有部分墙基。遗址现存有大量砖、建筑构件、佛像残件及石狮，现择其代表作为标本介绍，编号 D1：1、D1：2、D1：3、D1：4、D1：5、D1：6、D1：7、D1：8。根据雕刻工艺判断，应为清代遗传物。

D1：1，佛像残，头部缺失，圆雕，黄砂岩质，表面斑驳起壳、酥粉，黄色、赭石等彩绘尚未完全脱落。着广袖长袍呈坐姿于方形台座之上，腰系带。残高 0.76 米，宽 0.42 米。

D1：2，为山王造像，仅存下半身（上身为现代补塑），坐兽残缺，残高 0.68 米，宽 0.56 米。

D1：3，为太上老君造像，青石质，圆雕，右手及基座残缺。神像呈坐姿于青牛之上，头戴冠，着长袍，足穿云头鞋，右臂上举，左臂环于胸前，手持一物。面相丰厚，广颐方额，鼻梁挺直，鼻翼宽厚。目圆睁，上眼睑内陷，口紧闭，长髯及胸。造型虽生动，比例却失调。残高 1.3 米，宽 0.52 米。

D1：4，为神像，仅存头部，黄砂岩质，表面起壳。头戴梁冠，鼻头较宽，口微张，长髯下垂。上眼睑立体雕出，椭圆形眼眶。鼻翼两侧皱纹较深。残高 0.34 米，宽 0.28 米。

D1：5，为韦驮菩萨站像，头部残缺，胸部风化，全身布满青苔。身穿铠甲，足着战靴，双臂戴护臂甲，肩披帔帛，下身着裙甲，双腿着护腿甲，双臂于体侧下垂，双手于腹前合拢，手持金刚杵挂地。造型写实，内蕴筋骨。残高 0.95 米，宽 0.43 米。

D1：6，为佛头残件，圆雕，黄砂岩质。头顶高发髻，低发际线，面相短圆。双目微闭，眉额颊辅之间若含微笑，无精细刻镂，而意态自然。残高 0.34 米，宽 0.29 米。

D1：7，为川主圆雕造像，黄砂岩质。头戴圆冠帽，帽披下垂及肩，着圆领长袍，呈坐姿于方形台座之上，通高 1.26 米，宽 0.39 米。

D1：8，为石狮造像，圆雕，青石质。雌狮足下有幼狮，口含锦带，双耳下垂，通高 1.1 米，宽 0.45 米，狮座一体。雄狮足下踩绣球，已风化不清，通高 1.13 米，宽 0.48 米，狮座一体。

寿敦寺遗址石狮

寿敦寺遗址佛头

寿敦寺遗址石碑残件

寿敦寺遗址石鼓

寿敦寺遗址佛像残件

寿敦寺遗址佛像残件

寿敦寺遗址石碑残件

寿敦寺遗址佛像残件

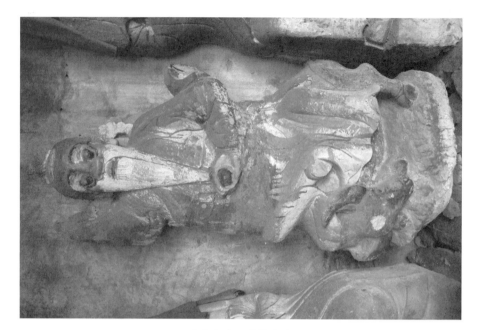

寿敦寺遗址佛像残件

寿敦寺遗址石柱础

寿敦寺遗址石柱础

寿敦寺遗址佛像残件

寿敦寺遗址佛像残件

寿敦寺遗址石柱础

月华寺

一、寺院概况

月华寺，位于巴南区清风桥村月华组。据民国《巴县志》卷二《寺观》载，始建于明万历二十三年，原名龙泉庵，明万历朝有僧名月华，因改今名。寺院遗址位于涌泉冈下，坐北朝南，面向贺家冈，左接烂田湾，右邻楼房沟。据村民回忆，寺院为四合院布局，土木结构。有三进院落，占地面积约 2000 平方米，是忠兴场有名气的大寺院。寺院布局遵从佛教建筑的基本规制，沿中轴线由南向北，建有天王殿、大雄宝殿、毗卢殿、川主殿等建筑。每个正殿两旁均有左右对称的配殿。钟、鼓楼建在天王殿两旁。大雄宝殿前有两株合围粗的百年黄桷兰，郁郁葱葱，枝繁叶茂，一年四季树梢上都是花蕾朵朵。开花最多的季节在夏季，香气袭人的乳白色花朵，绽满枝头。据说在盛花时节，开花可上万朵。入秋后乃至寒冬，树枝上仍绽蕾吐艳，花开不断，四季如此，成为寺院一大景观。当地传说，寺庙本在五斗坪，原名川主殿，明代万历年间迁址于此，更名为月华寺。旧时若遇天旱无雨，在寺院行求雨之法，灵验异常。行法之日，要先在川主殿前打好神坛。而后寺僧在选好的吉日、吉时，带领各乡会首在川主殿日夜供奉香火，并唱诵《灵宝忏》《救苦经》《金刚经》等经文。此时要禁止妇女参与或围观。而后要将川主菩萨的牌位放入轿子，由信众抬起，在会首的带领下前往村中的各家各户巡游。沿途的村民都要鸣放鞭炮，设香案接神，并备饮食瓜果招待抬轿护送川主菩萨的随行人员。巡游仪式结束后，要将川主牌位请上神坛，由寺僧行"请神"之法。神坛前事先已设置好以黄表纸糊成、书有各神名的诸神牌，寺僧在诵经中依次拜呼诸神名。一般三天之内，在算好的时辰内，瓢泼大雨如期而至，殊为神奇。

20 世纪 60 年代，"破四旧、立四新"运动在全国兴起。寺院亦难逃劫难，寺中神佛塑像被捣毁，经卷被焚烧，寺僧远遁避难，殿宇被作为学校使用。1985 年，重修校舍时大部分建筑被拆。大雄宝殿前的两棵百年黄桷树，被建筑废水淹没树根部，几个月后枯萎。现遗址上已建起现代砖混结构校舍，原寺院建筑格局及风貌已不存。

二、遗址概况

月华寺遗址坐北朝南，海拔 506.6 米，东经 106°42′17″，北纬 29°22′29″。现仅存原寺院建筑 1 间，原为灶房，穿斗式结构，现为村民民居，住户已将外墙改造为石质墙面，旧貌已失。在民居房顶发现有滴水瓦 1 件。距民居东侧 80 米处存石碾子遗迹，仅存碾盘，青石质，直径 2.1 米。

月华寺遗址滴水瓦

月华寺遗址基址

月华寺遗址石碾子

月华寺遗址石水缸

月华寺遗址石柱础

月华寺遗址

月江寺

一、寺院概况

月江寺，位于巴南区南彭镇高碑村面房社，始建于清乾隆年间。寺址坐东朝西，右邻灯竿冈，前临望天咀。寺院为四合院布局，土木结构建筑。据村民回忆，寺院原有天王殿、大雄宝殿、千佛殿、财神殿等建筑。大雄宝殿的石檐柱上有题刻"大清乾隆四十七年壬寅岁孟冬月吉旦"。寺院主要建筑都位于中轴线上，配殿位于两侧，均衡对称。殿宇雕梁画栋，巍峨轩昂。山门外一座字库塔高约 7 米，全用青石砌筑。中华人民共和国成立前有寺僧 2 人住锡。寺院常年香烟缭绕，暮鼓晨钟，木鱼声声，吸引着周围村镇的善男信女。每逢农历六月十九观音菩萨成道日，从南彭附近各乡镇赶来朝佛上香的人们，车水马龙，络绎不绝。寺中长老和尚精岐黄之术，尤其是擅长治疗小儿科疾病。为方便度化，常于弘扬佛法之余，于寺中行医，与病者结缘。因其医术精妙，妙手回春，被誉为"华佗再世"。遇贫苦患者概予施诊赠药，经其治愈者甚多，每年略得些酬金。因其慈悲济世，医术精湛，故乡间信众日众。他自奉简朴，积蓄了不少钵资，常用于布施巴县一些偏僻道场。中华人民共和国成立后，寺院被改为小学，寺僧仍在原址居住，长老和尚于八十高龄安详示寂。

20 世纪 80 年代，全国文物普查时，月江寺尚存正殿。面阔五间 22 米，进深三间 18 米，高 9 米，木结构，悬山顶，抬梁式架构。正殿山墙上嵌有一碑，文字尚可识。1996 年，当地村民将寺院建筑拆毁，现仅存有山门石构件、佛像残件和施食台等寺院遗物。

二、遗址概况

月江寺遗址坐东朝西，海拔 339 米，东经 106°41′58″，北纬 29°23′21″。

遗址平面呈长方形，东西长约 38 米，南北长约 27 米，占地约 1026 平方米。地表现为荒草覆盖，散落着建筑构件残件。发现有石质施食台、石狮残件、石柱础、门楣石，根据雕刻工艺判断，为清代遗物。

1. 施食台

位于遗址西北部，为黄砂岩质，柱状六面体，顶部为圆鼓形，表面已风化。浅浮雕仰瓣莲花配饰祥云纹。通高 0.80 米，直径 0.27 米。柱体上有文字可辨识如下：

道光二十八年

南无愿以此功德普□□□

南无此食遍□□□□

南无汝等佛子众□□

匠师□□□

2. 石狮

位于遗址西部地表，青石质，圆雕，面部残。呈俯卧状，背部卷毛。残长 0.61 米，宽 0.30 米，高 0.26 米。

3. 石柱础

位于遗址西部地表，黄砂岩质，造型为正方形，顶端为圆形。每一面皆浅浮雕铺锦，铺锦上再浮雕图案，已风化不可识。高 0.43 米。

5. 门楣石

位于遗址东部地表，青石质，长 4.12 米，宽 0.38 米。有浮雕双龙戏珠图案。

月江寺遗址佛台底座

月江寺遗址石柱

月江寺遗址石柱

月江寺遗址门楣石

月江寺遗址施食台

月江寺遗址施食台

月江寺遗址石柱础

月江寺遗址石狮残件

月江寺遗址石狮残件

月江寺遗址施食台

紫竹寺

一、寺院概况

紫竹寺，位于巴南区南彭镇清风桥村清风桥社，始建年代不详。寺址坐东南朝西北，庙前有清风桥河，发源于石冈分水岭，蜿蜒十几里，流经紫竹寺后，经木洞注入长江。寺前的太和梁大山形似龙身，自东向西蜿蜒向前。传说山有九段，对应龙身九节，而寺址所在地即为龙头所在。有高僧目相地貌，看出其中端倪，故在此建址住锡。据村民周卫蒲回忆，寺院有两进院落，坐东南朝西北，占地约1000平方米。中间以照壁相隔，两侧随墙开门。由山门入内为前院，建钟鼓楼及僧寮3间。后院之东建正殿观音堂，南北两侧建配殿供奉文殊、普贤菩萨，中建川主殿。寺内松柏翠绿，花草芳香，寺外阡陌纵横，紫竹成荫。寺院所供主神为观音菩萨，自建成以后一直香火旺盛，香客盈门。

传说有一年夏天，天旱无雨。农作物枯萎，连村里的水塘都晒成了干旱的土地，田地泥土干得发白，踏上去如石头般硌人。附近各村的民众纷纷来到紫竹寺上香请愿，祈求菩萨恩泽降雨。观音菩萨在紫竹林中，深感到南方人民苦难深重，大生慈悲之心。遂携善才、龙女驾云南下，至太和山脉，乃手持杨枝蘸净瓶圣水向四方洒去。顷刻间，大雨如注，村民终于等到了这场久久期盼的好雨。欢喜之际，只见天空中，观音圣像隐约其间，飘然远去。为感菩萨恩泽，村民募资兴建降雨亭一座，私塾先生在柱上书有一副对联："手持净瓶洒甘露，脚踏莲花佑众生。"此后，村民不论遇到什么难事，总要到紫竹寺进香，求观音菩萨保佑，祈求平安。寺院还供有送子观音，想要求子的村民更是经常前来叩拜，多有应验。久而久之，周围的村民都盛传这里的菩萨显灵，有求必应。十里八乡，甚至更远的信众都携带干粮，风尘仆仆，到紫竹寺来上香求签，求菩萨加持。农历二月十九，据传是观音大士诞辰，是日寺院香火极盛，为南彭镇之最。各乡会首早在二月二后就着手准备，为神灵置办各种供器和供品。到了二月十九这天的"吉时"，各村会首、信众代表，来到大殿前搭的神台前，依民俗先拜天公（玉皇大帝）后拜观音。先焚高香三炷，双手合十，膜拜于地。祭天公后，登阶到大殿里，再拜观世音菩萨。要将祭品摆在佛前，点蜡烛献香茶，再焚香迎佛。然后分列菩萨两边，在寺僧的引领下，敲响法鼓、法铃，唱诵"大悲咒""赞佛偈""炉香偈""吉祥偈"等。寺僧撒播净水，代菩萨把吉祥、平安和如意送给每个善男信女。会期一般要持续半月才告结束。

20世纪50年代，寺院被毁，寺僧走散。1995年，当地信众又募资在寺址处重修殿堂，接续香火。

二、遗址概况

紫竹寺遗址坐东南朝西北，海拔344米，东经106°44′6″，北纬29°21′6″。遗址地表现为深草所掩，荆榛匝地，发现有石敢当残件1尊，残高0.62米，宽0.37米。表面风化，仅可识大体形象。

紫竹寺遗址

紫竹寺遗址石敢当

紫竹寺遗址石敢当

紫竹寺遗址石敢当

紫竹寺遗址

翠竹寺

一、寺院概况

翠竹寺，又名显灵寺。位于巴南区南泉镇新式村大路合作社，始建年代不详。寺址坐南朝北，位于樵坪山中流云山岗之巅。翠竹寺周围，原来曾是参天的古柏，数畦稻田，几处清香，点缀其间，雨后初晴，满山雾霭，其幽雅清静宛如洞天福地。加之庙内钟鼓声声，香烟缕缕，有如蓬莱仙境。自建寺以来，历朝香火兴旺，法脉传灯。整个寺院建筑，为四合院布局，木质结构，由山门、石牌楼、佛祖殿、观音殿、十八罗汉殿、玉皇楼、川祖殿、地藏殿等建筑组成，占地面积约 1000 平方米。有山林、田地等庙产，每年要收租 100 多石，为南泉镇牛心寺下院。庙内有石雕佛像，栩栩如生，常有善男信女求神问卜。每年农历二月十九、六月十九、九月十九，相传是观音出生、出家、得道的日期，此时各乡的信众云集翠竹寺，形成翠竹寺观音庙会。观音会有固定的经济来源，为各乡会首共同募资所买的田产，每年的地租则用来支付翠竹寺常年灯油和观音会开支。会首由当地有资望的乡绅轮流担任。

据乡民杨安云讲述，在中华人民共和国成立前尚有寺僧 2 人住锡。寺中长老月明和尚武艺高强，能飞檐走壁，法术高深。有一年二月十九观音法会，他亲自设坛主法，日日诵经回向。在法会结束这天，二月十九的晚上，夜空中现出五彩祥云，云中透出五彩毫光，三日后才逐渐退去。无数善男信女望空而拜，久久不愿散去。此后翠竹寺香火更盛，远近驰名。

20 世纪 50 年代，寺院建筑被拆毁。川主殿外原悬挂有铁铸大钟一口，据说敲响此钟几十里内都可听到钟声，后大钟被村民打碎回炉冶炼作了农具。20 世纪 90 年代初，信众又募资新建有钢混结构的现代建筑，并重命名为"显灵寺"，塑有玻璃钢佛像、玉皇、观音、文殊、普贤等供奉。

二、遗址概况

原寺院建筑在 20 世纪 70 年代被拆毁，现新建有钢混结构的现代建筑。坐南朝北，四合院布局，海拔 651 米，东经 106°40′32″，北纬 29°24′48″。遗物仅存残碑 1 截，石水缸 1 个。

1. 水缸

位于大殿前西侧，青石质，长 1.17 米，宽 0.70 米，高 0.51 米。根据其雕刻工艺，年代判断为清代。

2. 残碑

位于大殿前东侧，青石质，被打断为数截，残高 0.91 米，残高 0.47 米，厚 0.12 米，有"民国八年岁在屠维协□黄"字样。

翠竹寺遗址石水缸

翠竹寺遗址石碑拓片

翠竹寺遗址石碑

翠竹寺遗址新塑神像

关东寺

一、寺院概况

关东寺，位于巴南区南泉镇新式村凤凰合作社，始建年代不详。寺址坐东北朝西南，位于关东寺冈顶，左邻陈家冈，右接耳子山，北侧为断崖，下有天生寨门。寺址周围高山环绕，古木参天，层峦叠嶂。寺院建筑成轴线对称分布，主轴上有两进院落，层叠有致，左右经楼禅堂，规模宏伟，布局严谨。大殿两层，四周围廊、勾栏环绕，下层供三世佛，上层奉十二圆觉菩萨。寺后有砖塔 1 座，八面十三级。20 世纪 40 年代，寺院遭土匪洗劫，后被放火焚毁，仅存石牌楼 1 座。北侧山下有"灯盏石"遗迹，石上有七个孔。据说每日夜间子时，石孔中会定时溢出灯油、米面等物，寺僧将其取回寺中，不多不少，恰够一日之需。但寺院被毁后，此石再无感应。

村民曹云华回忆，20 世纪 50 年代乡里修水渠时，将遗址的条石全部撬走，僧墓也被破坏。当时将墓门撬开时，见其中有一墓室内，高僧法体皮肤完好，既有光泽，又有弹性，就像才睡着了没多久一样。身上披的袈裟光亮如新，嘴里还含着一颗珠子，有好事者把珠子拿走后，不到一天，法体就毁坏了。现大部分僧墓已被破坏。

二、遗址概况

关东寺遗址位于山林之上，由寺院基址、石牌楼、墓群组成。

关东寺遗址现存寺院台基二进，坐东北朝西南，南北约 59 米，东西约 47 米，占地约 2773 平方米。东经 106°40′42″，北纬 29°25′36″，海拔 619 米。寺院基址的特点是顺山势建成"阶梯式"平台，两级平台位于一条中轴线上。平台前沿原有条石垒砌，现已被村民撬走，台基上仅存有少量墙基。二级台阶现被村民辟为农田，栽种苗木。

石牌楼位于寺院遗址南面，为四柱三门三楼，通高 3.44 米，通宽 5.65
米。由青石建成，表面风化严重。楼顶石刻已残缺。明间宽 2.26 米，两次
间各宽 1.5 米。明间两柱高 3.44 米，次间两柱高 2.07 米，正面横枋题刻
"□□名山"，背面横枋题刻"白□峰境"，题款为"崇祯七年秋七月"，横枋
下为石刻卷草纹雀替。整座牌楼上刻饰丰富，分别用阴刻、浮雕等不同手
法，刻有龙凤、花卉、瑞兽、人物等图案，但多已风化。牌楼正面抱鼓石已
缺损，背面保存尚好。

僧墓位于关东寺遗址南侧 50 米山林中，为数层堆积，但大部分已被破
坏，形制完整的仅存 1 座，编号 M1，由墓门、甬道、墓室组成，形制为石
室墓。

墓门，立面呈长方形，宽 0.78 米，高 1.00 米。封门板被破坏。

甬道，位于墓门与墓室之间，呈纵长方形，底面低于墓室底面 0.2 米，
宽 0.58 米，进深 0.8 米。

墓室，用厚约 0.06 米的石板砌筑，共 4 室，相邻壁共用。单室平面呈
长方形，宽 0.78 米，高 1.0 米，进深 2.45 米，室内保留有散乱的人骨，未
见棺木痕迹。

墓室内皆有青瓦残片，较完整的一块长 0.26 米，残宽 0.19 米，厚
0.02 米。根据墓葬形制判断，该墓为明代石室墓。

关东寺石牌楼

关东寺石牌楼

关东寺僧墓

关东寺僧墓

关东寺石牌楼

关东寺石牌楼

关东寺石牌楼

观音阁

一、寺院概况

观音阁，位于巴南区南泉街道和坪村下场口猪市坝，始建年代不详。南泉街道位于巴南区西部，清宣统元年设南温塘，民国五年置温泉乡。当时场上寺观众多，观音阁为规模较大者。寺院为四合院布局，木质建筑，二进院落。下院为观音殿，东西各三间，互相对称，东面供奉送子观音，西面供奉地藏王。上院为大雄宝殿，供奉有三世佛。上院、下院和山门三个主体部分把整个寺院分隔得错落有致。建筑飞檐斗拱，典雅肃静，十分壮丽。

相传在清代乾隆年间，有个叫修元的游方和尚来到观音寺，爱此地风景秀丽，民风淳朴，遂立志修寺建庙。他动员四方百姓，掘土砌石，观音寺终于面目一新。后经历代寺僧化缘布施，能工巧匠妙手雕琢，寺庙渐成规模，香火旺盛，盛极一时。据村民肖光泰讲述，中华人民共和国成立前还有寺僧3人住锡，长老和尚名僧寂照。寺僧"本事大"，如寻常柏木所制的长凳，经长老和尚一拍，如刀削般齐刷刷的断掉。以前凡场上吸食鸦片者被保丁逮到后会被送到寺院强行断烟。寺僧配有用中药制成的戒烟丸（戒鸦片烟）给其服用，一般三个月后，"烟民"长得白白胖胖的从寺院里出来，很少有再去沾烟土的。

20世纪50年代，寺院内建筑全被破坏，后被村民开辟为菜园垦种。寺僧也被迫离开寺院，各谋生路，当时老和尚就在街上摆摊卖药，村民都晓得他身怀绝技，谁也不敢去招惹他。

二、遗址概况

观音阁遗址坐南向北，海拔356米，东经106°36′32″，北纬29°27′4″。遗迹已为菜地和现代民居覆盖。1998年，乡民募资建有砖石结构建筑1间供奉佛像。现保存有旧佛像 2 尊，编号 D1：1、D1：2，根据其雕刻工艺判断，应为清代遗物。

D1：1，为菩萨造像，通高 0.83 米，肩宽 0.28 米。狮身长 0.73 米，狮座被半埋于水泥地面。佛像头部为现代补刻，上身着圆领广袖衣，系冠，缯带垂于右胸前，下着裙，坐于狮身之上。双手下垂合于左腹前，掌心向上执一法器，右前臂处向外翻出衣角搭于右膝上。

D1：2，为不知名的神像，通高 0.87 米，肩宽 0.17 米，上身赤裸，下着裙，裙短露足，坐于一神兽之上。头顶有环状天衣围绕，头部前额宽，鼻部短，瞑目，圆形眼珠外凸，双耳下垂及肩，龇牙咧嘴。右手下垂放于右膝上，掌心向上，手执一物。

观音阁石雕神像

观音阁石雕神像

514

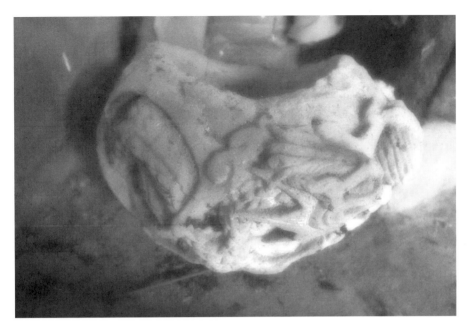

观音阁石雕香炉

观音阁石雕香炉

洪福寺

一、寺院概况

洪福寺，位于巴南区南泉镇兴国村大屋基合作社，始建年代不详，曾为本邑著名佛教圣地之一。寺址坐东向西，位于打锣冈山腰，依山而建，左邻大石坎，右接九尺坎，山下为水井湾。山中树林荫翳，幽静宜人，宛如世外桃源，寺址即在这幽静的山林深处。

寺院原有山门、前后殿、东西配殿等石质建筑。殿内有观音菩萨、三世佛、十八罗汉等木质佛像，大殿前一口铜钟重逾千斤。在山门前原有两棵合围粗的桂花树，每到花开时，满树金光，奇香扑鼻，寺僧会采花制成桂花茶。每逢初一、十五时乡民相约到寺中拜佛，然后品尝桂花茶成为当地习俗。村民陈天祥讲述，传说以前在寺院遗址北侧曾有巨石，形如龟状。因闻寺院晨钟暮鼓，高僧日日诵经，竟有了灵气。遇有月圆之夜，会显形到四处偷吃庄稼。日久，乡民不堪其扰，求助于寺僧。寺中长老和尚请工匠将这块灵石掘出，雕凿成鳌形，并在上面立一块石碑以镇之，立于山门外侧。20世纪50年代，有村民将这块石碑打断。现残碑、鳌座尚存。

中华人民共和国成立后，寺院被村小学借居办学。1958年，寺院内千斤铜钟被砸烂回炉。"文化大革命"初期，佛像文物等被盗破坏，建筑被村民拆毁。

二、遗址概况

洪福寺遗址坐东向西，海拔490米，东经106°39′19″，北纬29°27′46″。遗址现为农田和村民住宅。仅存石牌楼1座。

石牌楼为四柱三门三楼，通高4.35米，通宽5.57米。由青石建成。楼顶石刻已被村民撬掉，仅剩斗拱残件。明间宽2.83米，两次间各宽1.7米。

明间两柱高 4.35 米，次间两柱高 3.27 米，正面横枋题刻"天开净域"，背面横枋字迹已风化。横枋下为石刻卷草纹雀替，衔接精密。枋上刻饰丰富，分别用阴刻、浮雕、镂雕等不同手法，刻有龙凤、花卉、飞禽、瑞兽等，活灵活现。雕刻风格不仅具有南方细腻繁缛的品味，而且融进北方粗犷刚毅的气派。

距寺址南侧 600 米处存古井 1 口。距牌楼东侧 70 米处存鳌座 1 件。距寺址北侧 800 米，熊四强住宅前，有柱础 2 件，石雕刻构 1 件，为寺院遗物，时代确定为清代。

1. 古井

为寺庙生活用井，凿于一块岩壁之下，长 1.47 米，宽 1.23 米，水清可见底，从不干涸，现村民仍在使用作生活用水。

2. 柱础

2 件形制相同，仅举一例介绍。通高 0.43 米，直径 0.32 米，下层为八边形，上层为圆鼓形，有浮雕纹饰已风化。

3. 石雕刻

石雕刻呈长方形半埋于土中，正面有边框，中间开龛，龛内半圆雕石狮。露土部分高 1.23 米，宽 1.14 米，高 0.94 米。

4. 鳌座

通高 0.54 米，长 1.23 米，宽 0.38 米，青石质，鳌头已缺，鳌背减地平雕菱行图案以作背甲，鳌身中部凿有碑座。

洪福寺石牌楼局部

洪福寺石雕佛座残件

洪福寺石柱础

洪福寺佛像残件

洪福寺石牌楼

洪福寺石鳌座

洪福寺石牌楼

牛心寺

一、寺院概况

牛心寺，位于巴南区南泉镇龙井村斑竹社，始建于清嘉庆年间。寺址坐南向北，位于樋柆冈山腰地势平坦之处，依山而建，北侧为断崖，下为万丈坪，寺址现已被村民开垦为农田。据村民王正蓉讲述，此寺原来规模宏大，是由牌楼、山门、大佛殿、地藏殿、藏经楼、配殿等建筑所组成的完整建筑群，占地约 2000 多平方米。大佛殿正中佛台上，有木胎泥塑的释迦牟尼像，金装彩绘，面部贴金。大佛身后塑迦叶、阿难等十大弟子，南北两侧塑十八罗汉，神态各异，大殿的墙壁绘有佛、菩萨、诸天神将等故事。相传寺院在鼎盛时期有寺僧 50 余人住锡修行。在中华人民共和国成立前还有 8 处下院，即玉皇观、天成寺、关东寺、翠竹寺、金紫寺等，寺中长老和尚为僧有成，巴县南彭人。

20 世纪 50 年代，寺院建筑被村民强占，佛像被砸毁。20 世纪 70 年代初，乡民将建筑拆毁改为农田，现在田坎上随处可见原建筑石构件，如佛像底座、门柱石、石碑残件等。距寺址西侧 400 米处有僧墓 1 座，为石围土冢墓，顶端立有石塔，塔身上铭文尚可辨识。

二、遗址概况

牛心寺遗址坐南向北，平面呈长方形，地势平坦，遗址地表现为耕地，种植萝卜、草莓等农作物。海拔 657 米，北纬 29°24′34″，东经 106°39′21″。寺院的建筑基址、格局已不存，田间随处可见原寺院建筑的石构件残件。遗址东西侧各存僧墓 1 座，编号 M1、M2。

M1：位于遗址西侧 100 米山坡下，紧邻农田。形制为石室墓，由墓门、墓室组成，通宽 12 米，高 2.2 米。墓门用加工过的石板封堵，部分封门已被破坏，室内填满积土。墓室用厚约 0.06 米的石板砌筑，相邻壁共用，共十二室，单室呈长方形，宽 0.68～0.0.85 米，高 1.15 米，进深 3 米。右起第四室墓门上有铭文，可辨识文字有："圆寂师爷上园下忠□□□墓。"

根据墓葬形制判断，该墓为清代石室墓。

M2：位于遗址东侧 400 米处山林中，形制为石围土冢墓，通宽 8.9 米，高 1.98 米。墓葬顶端立有石塔，塔顶已倒塌，塔座、塔身有铭文。

牛心寺墓碑

牛心寺僧墓

牛心寺僧墓

牛心寺僧墓

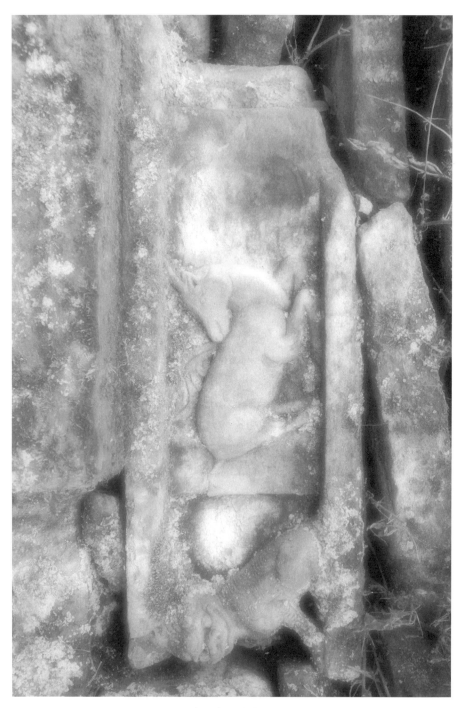

牛心寺石雕残件

牛心寺石碑残件

牛心寺石雕残件

牛心寺石雕佛座残件

牛心寺石雕残件

牛心寺基址

牛心寺僧墓

529

大兴寺

一、寺院概况

大兴寺，位于巴南区石龙镇大兴村大石栏杆合作社。据民国《巴县志》卷二《寺观》载，始建于明正统四年，明景泰六年、清乾隆二十五年、同治十年曾经维修扩建。

寺址位于观音岩山下，左邻风箱坪冈，右接陈家垭口。庙前现为水厂房和成片的农田。原寺院建筑坐南朝北，呈"一"字形排列在中轴线上。据乡民李完发讲述，大兴寺周围原筑有围墙，墙垣用条石砌造，高约3米。大山门顶上有高约1米，宽约0.6米的石刻匾额，上刻"大兴寺"三个字。山门后为戏楼，前殿供奉韦驮菩萨，正殿供奉一尊高约4米的石雕观音菩萨，正殿两边供有十八罗汉，左右配殿供川主、牛王像。前殿、正殿中间是青石板铺砌的天井。院中置铁鼎、石香炉等，正殿左右山墙上有碑刻数方。正殿后面是花园和僧房。曾经有寺僧20余人住锡，香火旺盛。1923年"庙产兴学"运动时改为石龙乡石龙小学校。

20世纪50年代，庙内佛像被毁，部分房屋为石龙中心小学使用，部分辟为乡卫生所。"文化大革命"中，大多数建筑被毁。1981年第二次文物普查时尚存正殿，面阔三间12米，进深五间12米，高6.8米，砖木结构，硬山顶，抬梁式架构，五架梁。

2001年，大兴寺仅存建筑被当地乡民拆毁。现距寺址西侧500米处尚存僧墓1座，在20世纪60年代被破坏，据乡民秦刚旭讲述，当时墓门被撬开时，见墓内放有棺木，而令人称奇的是棺木没有丝毫朽坏，棺盖是用隼槽推拉上去合缝的。打开棺木时，见老和尚遗容仍栩栩如生，须发皆在。

二、遗址概况

大兴寺遗址坐南朝北，海拔627米，东经106°53′6″，北纬29°16′54″。原寺庙的建筑基址、格局已不存，地表现为荒草和瓦砾覆盖。距寺址东侧500米处存僧墓1座，南北向，为石室牌楼墓，通宽5.1米，高4.7米。根据墓葬形制判断，该墓建于清代。墓由牌楼、墓室、墓门组成。

牌楼为一重檐，檐下开龛，阴刻"福慧"二字。墓门为长方形，双扇封门，其大部敞开，散落于墓前，左侧门柱上有联，尚可辨识："悟禅色相皆空。"

门楣采用圆雕、高浮雕、浅浮雕、减底刻、阴刻等手法雕有花卉、桌椅、盆景等图案，雕刻技艺精湛、娴熟。门楣左侧有铭文，尚可辨识："竟说老僧贤妙法如仙吉心霭□自安详几辈孙曾频感念□□□□□。"

墓门右侧八字挡墙风化严重，上有可识铭文如下："……孙源超、源佑、源本、源远、源鸿、源昆，曾孙广参、广训、广□……"

墓室用加工规整的条石、石板砌筑，呈长方形，宽1.5米，高1.72米，进深3.9米。墓顶为半圆顶，墓室后壁有浮雕牌位，阴刻有铭文："圆寂上宗下悟老和尚塔位。"

大兴寺遗址

大兴寺僧墓内壁牌位

大兴寺僧墓顶端石额區

大兴寺僧墓铭文

大兴寺僧墓题刻

大兴寺僧墓

大兴寺僧墓内浮雕牌位

洞泉寺

一、寺院概况

洞泉寺，位于巴南区石龙镇大园村坎子合作社，始建年代不详。寺址坐西向东，周围皆有山冈环绕，形如莲花，而庙址正位于花蕊处。乡民皆称庙址所在处的茶腊湾为"莲花地"。寺庙建筑旧为四合院布局，土木、砖混合结构，占地约 1600 多平方米。原有上下殿、配殿、山门等建筑。殿宇雕梁画栋，巍峨轩昂。乡民田维林回忆，以前上殿佛爷（释迦佛）座正位，观音菩萨背靠背，下殿红脸关公座正位，两边是雷神、牛王、灵官等神像；配殿则有药王菩萨、地藏菩萨等神佛塑像。庙中佛像大部分为石雕，皆鎏金上彩。中华人民共和国成立前有僧觉文等 5 人在此住锡。有庙产田地、山林等100 多亩。寺内每年会期不断，每月初一、十五更是灯火通明，热闹无比。凡逢会期，做会（信众定期朝贺神佛的典礼）的人络绎不绝，来自四面八方，远的如贵州、安岳等地的，也结伙前来拜佛。每次会期要长达半个月才散会。每年主要的会期有正月初九的玉皇会、二月十九的观音会（生日）、三月初三的山王会、四月初八的黑神会、六月十九的观音会（得道）、六月二十四的川主会、九月十九的观音会等。

20 世纪 50 年代，寺庙建筑被当地乡民占为民居，寺僧各自返乡。遗址现仅存上殿、配殿各 1 间，为乡民住宅。

二、遗址概况

洞泉寺遗址坐西向东，海拔 589 米，东经 106°52′13″，北纬 29°19′12″。遗址东西长约 43.9 米，南北宽约 38.3 米，占地面积约 1681 平方米。平面呈长方形，从东至西中轴线贯通，现仅存有配殿、正殿。

配殿位于庙址南侧，面阔三间 12.8 米，进深 8.3 米，高 6.7 米，建在

0.7 米高的青石台阶上，穿斗式结构，悬山顶，格扇窗。

正殿位于中轴线上庙址的西部，建在 0.8 米高的青石台阶上。1963 年时曾被部分拆毁，现存建筑为木质结构，悬山顶，面阔 14.5 米，进深 9 米。

庙址现存佛像、石碑、石狮残件，时代基本确定为清代。

1. 佛像

现位于庙址北侧的民居旁，有佛像残件 3 尊，编号 D1：1、D1：2、D1：3。

D1：1，通高 1.04 米，肩宽 0.24 米，头部为现代补塑，头顶结高宝髻，双肩披衣，腹部可见下着裙，双手合掌于腹部左上右下，结跏趺坐于莲座上。莲座上部为浅浮雕双层仰莲瓣，下部为方形台基。

D1：2，通高 0.82 米，肩宽 0.24 米，呈坐姿于台座之上，腰部系宽带，双手放于双膝上，破损严重。

D1：3，残高 0.62 米，头部缺损，腰部系宽带，双膝分开齐肩宽，坐素面方形台座上，双腿垂于座前，双手于腹前合拢，为巾状物遮盖。

2. 石狮

位于庙址东部大山门遗址处，残存狮身后半部，残高 0.53 米，残宽 0.46 米。

3. 石碑

位于庙址北侧约 300 米处的山林中，碑首被打断小半截，残高 1.28 米，宽 0.68 米，厚 0.20 米，碑身正面阴刻碑文，均为楷书，记载募资塑造关圣像一事，碑文仅部分可识。

洞泉寺遗址佛像残件

洞泉寺建筑遗址

洞泉寺建筑遗址

洞泉寺遗址石雕残件

洞泉寺遗址佛像残件

540

洞泉寺遗址佛像残件

洞泉寺遗址石碑残件

甘子寺

一、寺院概况

甘子寺，旧称宝庆寺，位于巴南区石龙镇柏树村甘子社，始建于清同治年间（民国时期改名为甘子寺）。寺址位于陶家坡大山之山腰地势平坦处，周围地势险峻奇特，景色壮观。山下有溪涧名为芦沟溪河，发源于南川。

寺院为四合院布局，坐东向西，穿斗式结构。上殿原供奉有木质释迦佛、二十四位诸天等神像。下殿供奉关圣、山王、石猪菩萨、牛王等神像。山门前原种植有合围粗的皂角树两株，枝叶繁茂，遮天蔽日。新中国成立初尚有欧继承、陈习材、叶尚清3人在此为僧。叶尚清为主持，乡民称其为"叶和尚"。其擅于医治疑难杂症，常于周围山岭采制草药，自配丸散，救人无数。寺院有庙地10余亩，寺僧自耕自种。20世纪50年代，寺庙建筑被乡民占为民居，现存上殿1间为田绍海住宅，配殿1间为曹育林住宅。

寺址东侧50米处存僧墓（已被盗）1座。配殿廊下发现有石雕鲁班像1尊。上殿旧址地面有残碑3截被乡民铺砌于地面，文字已不可辨识。

二、遗址概况

甘子寺遗址坐东向西，海拔567米，东经106°56′6″，北纬29°17′36″。遗址东西长29.5米，南北宽38.5米，占地面积约1135平方米。由下殿基址、正殿基址、配殿、僧墓组成。

下殿基址位于庙址的西部前端，东西长9.5米，南北宽12.6米，平面呈长方形，前端由条石垒砌而成，中部开有12级台阶，台基高1.38米，地面残留三合土痕迹（下殿原为穿斗式结构，1983年被乡民拆毁）。

正殿基址面阔38.5米，进深12.6米，中部存4级台阶，台基高0.83米。正殿基址的南部现仅存房屋1间（其他建筑于1985年被乡民拆毁），坐东向西，面阔 9.1 米，进深 11.4 米，穿斗式结构。

配殿位于庙址南部，坐南朝北，面阔三间 9.5 米，进深 4.6 米，高 6.3 米，穿斗式结构。

僧墓位于庙址东侧山坡上，为牌楼式石室墓，一墓三室。墓葬通宽 6.5 米，通高 4.6 米。顶部石额阴刻"别有天地"，落款"皇清同治七年"。墓室用加工规整的条石、石板砌筑。单室呈长方形，宽 1.32 米，高 1.42 米，进深 3.7 米。封门破坏，墓室内未见葬具及随葬品。中间墓室后壁上有阴刻铭文。左侧八字挡墙上也有铭文，因风化严重，多数题字不清。

发现有断碑 3 截、神像 1 尊，时代基本确定为清代。

1. 石碑

位于下殿遗址西侧地表，被打断为三截铺砌于地面，残高 1.1 米，残宽 0.68 米，厚 0.2 米，碑面风化严重，字迹模糊不清。

2. 鲁班神像

位于配殿廊下，被柴木掩盖，呈坐姿于台座之上，圆雕，高 0.72 米，肩宽 0.23 米。身着长袍，头戴覆斗形帽，腰系带，左手扶于膝上，右手在腹前执带。

甘子寺僧墓内壁石牌位

甘子寺僧墓八子挡墙铭文

甘子寺建筑遗址

甘子寺建筑遗址

甘子寺遗址石雕神像

甘子寺遗址石碑残件

甘子寺遗址

甘子寺遗址石柱础

甘子寺建筑遗址

甘子寺僧墓

明月寺

一、寺院概况

明月寺，位于巴南区石龙镇大连村杨堡坪生产队。始建于清顺治年间，清康熙十三年扩建。寺址坐南朝北，后靠尖山堡，左邻塔冈，右接牛脑堡冈，占地约 1900 平方米。寺院的主要殿堂都建在中轴线上，为两进院落，砖混土木结构。据乡民秦九志回忆，明月寺旧为石龙镇第一大庙，有多处脚庙，如石龙天禄寺、玉皇观等。山门前原有两棵合围粗的白果树，一为雄树，一为雌树，枝叶茂盛，郁郁苍苍，每年要结果 300 多斤。山门上有石额书"大通山"，石柱上雕刻有二龙戏珠、飞禽走兽等图案，活灵活现。前院正殿两侧有东西配殿各 3 间，供奉文昌帝君、太上老君、送子观音、地母等。后院正殿 5 间，东西亦有配殿各 3 间，供奉释迦佛、十八罗汉、龙王、财神等。寺内香火不断，每月初一、十五更是灯火通明，热闹无比。凡逢会期，做会（信众定期朝贺神佛的典礼）的人络绎不绝。每年都有几个规模大的法会，如观音会、玉皇会等，会期要长达半个月才散会。

中华人民共和国成立前有寺僧 4 人住锡，住持为僧慈圆及徒弟海常、海志、海鹏。山门前有一亩多水田，寺僧在此自耕自种，农禅结合。当时寺院办有学堂，由寺僧海志、海鹏授课。寺院有庙地、山林等庙产，每年要收租 300 多石。

中华人民共和国成立后，寺院被村民所占，1960 年被改为村小学。"文化大革命"中建筑相继被拆除，佛像被毁，现仅存配殿 1 间。

二、遗址概况

明月寺遗址坐南朝北，海拔 539 米，东经 106°32′3″，北纬 29°29′22″。遗址平面呈长方形，东西宽约 31 米，南北长约 62 米，由下殿基址、上殿基址、配殿组成。

配殿 1 间，位于上殿基址的西侧，坐西向东，为砖混土木结构，面阔 13.4 米，进深 4.1 米，砖券拱门，部分已坍塌。

上殿基址，面阔 23.3 米，进深 20 米，西侧为配殿，东侧现建有民居，地面为条石错缝铺砌，北端为青色条石砌制，台基高 1.7 米。

下殿基址，面阔 31 米，进深 23 米，西侧建有民居，中东部残留铺地砖。

位于庙址南侧 100 米处的竹林中，存有佛像 2 尊，编号 D1：1、D1：2。

D1：1，通高 0.94 米，肩宽 0.25 米。头戴幞头，额部阴刻细线以示皱纹，鼻部残失，面部圆润丰满，颈部可见刻痕，胸部可见横向衣纹，双肩下垂衣缘，双手下垂，前臂缺损，结跏趺坐于长方形台基之上，台基上部为浮雕仰瓣莲花，双足上置高浮雕经书一本。

D1：2，残高 0.90 米，头部缺失，双臂贴放身侧，前臂缺失，双腿着护腿甲，双脚分开齐肩宽，外八字站立，着鞋履。

明月寺遗址

明月寺遗址佛像残件（局部）

明月寺遗址

明月寺遗址

明月寺遗址

明月寺遗址佛像残件

明月寺遗址佛像残件

明月寺遗址佛像残件

明月寺遗址

普照寺

一、寺院概况

普照寺，位于巴南区石龙镇大兴村。据《巴县志》卷二《寺观》载，始建于明成化年间。寺址坐西向东，位于塔冈山腰处，依山而建。左邻马梁光冈，右接大石堡冈。山中尽是参天大树，浓荫如盖，郁郁森森。远眺远山，冈峦乍起乍伏，蜿蜒盘结逶迤而来，氤氲气势磅礴，风光绮丽。寺院为四合院布局，土木砖混结构。据乡民张明真回忆，以前的寺院建筑结构为三进，主体建筑有山门（分列两旁有哼哈二将）、天王殿（供奉弥勒佛及"风调雨顺"四大天王）、鼓楼、钟楼（鼓直径约2.6米，钟重约2.8吨）、斋堂、客堂、大雄宝殿（供奉佛祖释迦牟尼佛、阿弥陀佛、消灾延寿药师佛、普贤菩萨、文殊菩萨）、地藏殿（供奉地藏菩萨）、观音殿（供奉观音菩萨）、罗汉堂（供奉五百罗汉）、川主财神殿（供奉川主、财神）、僧舍、藏经楼（供奉西方三圣）等。整个建筑为土木结构，木建筑为主体，布局紧凑，雅致精美，匠心独运。山门前，点缀片片紫竹，连片成林，寺后林木葱茏，花木繁茂，确为风水宝地。中华人民共和国成立前还有寺僧住锡，长老和尚为僧通发，徒弟有僧定安等5人。每逢农历二月十九观音菩萨的诞辰，普照寺人山人海，香客络绎不绝，热闹非同寻常。

20世纪50年代，寺院房屋为乡保管室占用，后分给乡民居住。"文化大革命"中寺庙佛像、建筑遭到破坏，大部分被毁。2013年，剩余建筑被拆除一空，辟为耕地。往日香火缭绕、僧侣繁忙、法器和鸣、香客络绎不绝的景象早已荡然无存。但石柱础、墙基等寺院遗址面貌尚存，昔日庙宇的格局尚可略窥一二。现距寺址东侧山下300米处有石龛造像1处及僧墓2处。山脚尚存寺院脚庙"观音庙"遗迹。

二、遗址概况

普照寺遗址坐西向东，海拔714米，东经106°53′10″，北纬29°15′27″。遗址地表现为才复耕后的农田，平面呈长方形，坐西向东，南北宽约30米，东西进深约45米。原寺院的建筑基址、格局已不存，仅在田间发现有台基遗迹、墓群和石桥。

台基遗迹位于庙址西侧，残留底部基础，南北长4.6米，宽0.8~1.2米。台基用条石加白灰砌成，残高0.2米，石条下为夯筑三合土。

普照寺墓群分布于普照寺遗址山下东北侧约300米处的山坡上，大部分已经被毁。完整的僧墓尚存2座，编号M1、M2。

M1：位于庙址东北侧山坡，南侧紧邻上山步行道，形制为石围土冢墓，单室。通宽3.2米，通高2.1米，石围用加工规整的条石砌筑，土冢高1.02米，墓室宽1.3米，高1.5米，进深3.7米，墓室封门板缺失，室内保留有散乱的人骨、瓦砾、酒瓶。根据墓葬形制判断，该墓为清代石室墓。

M2：位于距离M1北侧100米处的山坡上。形制为竖穴土圹石室墓，由墓门、甬道、墓室组成。通宽6.7米，通高2.3米，一墓三室。

墓门，封门板已被破坏，散落于墓前草丛。

甬道，位于墓门与墓室之间，呈横长方形，宽5.6米，进深0.6米。

墓室，底面略高于甬道，平面呈长方形，宽1.1米，高1.3、进深2.5米。

墓室内散落少量人骨，未见葬品及随葬品。根据墓葬形制判断，该墓为明代石室墓。

石桥坐落于普照寺庙址下方600米山脚处，是正面进入普照寺的必经之路，周围为竹林。该桥为单孔石拱桥，桥长7米，宽3米，净跨4米。桥面铺以石板，一端斜下连以石阶5级，保存完好。

遗物发现石窟造像1窟，位于普照寺庙址下方600米山脚处，紧邻石桥。石窟高1.0米，宽1.0米，进深0.2米，佛像高1.32米，肩宽0.37米。呈立姿，赤足立于祥云纹之上。头顶覆钵状肉髻，珠状螺发。脸部短圆，眼尾斜长，浅浮雕半圆形瞳孔，鼻部残损，双唇闭合，嘴角微上扬。上身着偏袒右肩袈裟，阴刻斜向衣纹，下身着长裙，裙长覆足，于腹上系纽带，石窟内侧浮雕有火焰纹。

普照寺僧墓

普照寺僧墓

普照寺僧墓

普照寺僧墓

普照寺僧墓

普照寺佛像

普照寺遗址

普照寺佛像

普照寺遗址

普照寺遗址

普照寺遗址

普照寺前石拱桥

古镜寺

一、寺庙概况

古镜寺，位于巴南区石龙镇大兴村大屋基社，始建于清乾隆年间。寺址坐北朝南，位于和尚岚垭山腰地势平坦处，左邻塔冈山，前为桫树咀。伫立寺址前，但见满眼山峰青翠、翠竹掩映、谷深泉幽，是一处难寻的风水宝地。寺院为四合院布局，占地1000多平方米。乡民田镜陆回忆，以前庙里有地藏殿、释迦殿、观音殿等建筑。观音殿内正中供奉观音菩萨像，两侧分列有木雕罗汉像18尊。释迦殿内供奉石雕释迦牟尼像，墙上绘有犀牛望月、丹凤朝阳、金刚力士等彩画。地藏殿内有铁质地藏菩萨像，高约4米。旧时的每年农历七月三十"地藏王菩萨"圣诞，古镜寺都要举行"地藏月冥阳两利孝亲报恩法会"。在法会期间，附近各乡信众结团朝山进香，远的如南川等地的信众，也不辞路遥结伙前来。20世纪50年代，寺僧还俗，寺院房屋被乡民占为民居。"文化大革命"中，庙中佛像被毁，地藏王佛像被打碎回炉做了农具，下殿被拆毁。1985年，配殿被乡民拆毁后在原基址上建有现代民居，现仅存上殿1间。

二、遗址概况

古镜寺遗址坐北向南，海拔704米，东经106°54′59″，北纬29°16′8″。东西宽约30米，南北长约42米，占地面积约1200平方米。由下殿基址、正殿组成。

下殿基址位于庙址南端，平面呈长方形，前端及左右两侧用条石垒砌成平坝，东西宽11米，南北长13米，台基高2.85米，正中残留有台阶基础，东西两侧垂带石已被破坏。由于破坏严重，台阶长度不详。

正殿位于庙址南端，面阔三间15.8米，进深6.7米，高6.4米，穿斗式结构，悬山顶。明间墙面残存有线描佛像痕迹，已模糊不清。

发现石狮1座、施食台1个、木匾1块、石碑1通，时代基本确定为清代。

1. 石狮

位于下殿基址南侧（原位置不详），石狮蹲于基座上，狮座一体，圆雕。身子后倾，头部已残，卷毛。狮身高0.67米，面阔0.29米，基座长0.38米，宽0.34米。

2. 施食台

位于下殿基址南侧（原位置不详），为六面柱形，每面皆阴刻铭文。柱面风化严重，字迹模糊不清。

3. 木匾

位于正殿东侧，乡民将其截断后用来做门。

古镜寺木匾拓片

4.《阿弥陀佛》碑

镶砌于正殿明间左侧檐柱墙面，石碑呈长方形，青石质，高1.33米，宽0.59米，碑首圆形，阴刻楷书"阿弥陀佛"，碑文漫漶，部分文字可识。

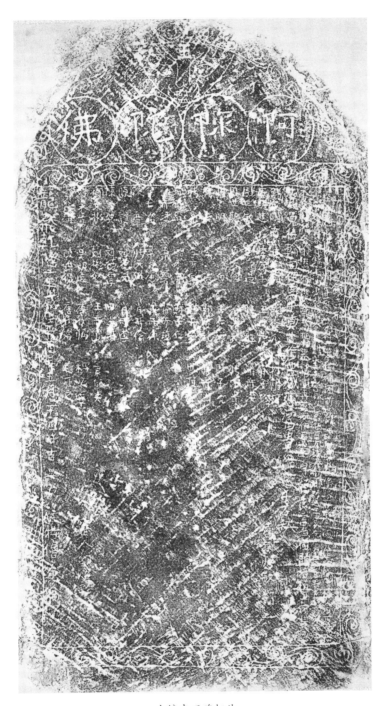

古镜寺石碑拓片

古镜寺石雕残件

古镜寺石狮残件

古镜寺施食台残件

古镜寺木匾

古镜寺遗址

577

古镜寺石碑

古镜寺壁画

古镜寺遗址遗物

古镜寺遗址

天禄寺

一、寺院概况

天禄寺，位于巴南区石龙镇大桥村关口社，始建于清嘉庆年间。寺址坐东向西，位于天禄寺冈顶，左邻银子洞山，右接白杆坡，四周山冈相围，苍松耸翠，气势非凡。寺院曾经规模较大，为巴渝院落式建筑，四合院布局。据乡民李廷友讲述，中华人民共和国成立前寺院有上、下殿建筑，山门开在寺院南侧。上殿有释迦佛、十八罗汉、刘备、关羽等石刻像，皆鎏金上彩，下殿有木质鎏金川主像、泥塑四大天王等像。山门北侧立有一块"圣旨"碑，高约3米，青石质，碑首雕有二龙戏珠图案。有僧海常等2人在此住锡。寺庙为石龙镇明月寺下院，庙里的当家和尚为明月寺的主持慈圆和尚，寺庙每年要收租80多石。

20世纪50年代初，寺庙建筑被乡民据为民居。"文化大革命"期间，庙内大部分佛像被捣毁。寺院主体建筑大雄宝殿经逐年改造，旧貌已失，仅存部分墙体未变。

二、遗址概况

天禄寺遗址坐东向西，海拔554米，东经106°53′28″，北纬29°17′17″。现存一重院落遗迹，平面呈长方形，坐东向西，东西24.3米，南北19.9米。由大雄宝殿、殿前平台组成。

大雄宝殿南北距离18.9米，东西距离21米，原系土木结构建筑，现为乡民张元秀等住宅，被逐年改造，墙体、梁架已失旧貌，只明间有部分墙体未变。

殿前平台（天井）位于大殿的西部，南北长19.9米，东西宽12.3米，地面为青石铺砌，东端与大殿相连，低于大殿基址0.40米。

发现石雕阿弥陀佛、释迦佛圆雕造像各 1 尊、施食台 1 座、柱础 6 个，均为清代遗物。

1. 阿弥陀佛雕像

位于大殿明间西侧，背靠释迦佛，通高 1.64 米，肩宽 0.32 米，赤足立于莲座之上，左臂屈肘置左腹部，手持一物；右臂沿身体右侧下垂。上身着偏袒右肩袈裟，下身着长裙，裙长覆足，于腹上系纽带，起褶皱。

2. 释迦佛造像

位于大殿明间，通高 4.3 米，肩宽 0.79 米。上身着内衣，袒胸，腹部系纽带。外着双领下垂式袈裟，衣纹疏朗。双臂贴体侧屈肘，双手置于腹前结印。双腿包裹在袈裟之中，右足居上，左足居下，结跏趺坐于束腰仰覆莲座之上，莲座高 0.40 米。下置须弥座高 0.95 米，中央方行束腰，两侧有浮雕力士托举上下端方形浅台，有阴刻铭文。上下端方形浅台分别有浮雕二龙戏珠、花卉团案。

天禄寺佛座拓片

施食台位于殿前平台北侧，青石质，八面柱状，高 0.53 米，面部剥落较严重，每一面皆有阴刻铭文。

3. 柱础

殿前平台北侧存柱础 2 个，大殿廊下存 4 个，位置均已移动，形制相同，择其代表作为标本介绍。大殿廊下柱础，通高 0.37 米，直径 0.27 米，由两层垒叠而成，下层为方形，浮雕动物图案，上层为鼓形，浮雕祥云纹。

天禄寺施食台拓片

天禄寺施食台

天禄寺石柱础

天禄寺佛座局部

585

天禄寺佛像

天禄寺遗址

天禄寺石柱础

天禄寺遗址

天禄寺佛座铭文

天禄寺佛像

天禄寺佛像底座局部

天禄寺佛像底座铭文

花果庙

一、寺院概况

花果庙，位于巴南区石滩镇双寨村曹原坝社，始建年代不详。寺址坐西向东，三面都有青山环绕，东面地势开阔，地平如镜。稻田、玉米点缀其间，一派田园风光，当地人称为莲花坪。传说古时候有高僧云游至此，见此地山川秀气，草木葱茏。在夜间禅坐之时见有九瓣莲花从土中升起，大放红光，知为福地，遂在此募资建庙住锡。据村民朱正怀讲述，寺院为四合院布局，土木结构建筑，占地约 800 多平方米。有山门殿三间，砖石结构，拱券门。门内左右分列钟鼓楼，上下两层，楼内设梯。前殿为天王殿 3 间，正殿为大雄宝殿 3 间，殿内供奉的是三世佛的全铜像。东西配殿各 3 间，东侧是观音殿，西侧是关圣殿，供奉刘备、关羽、张飞的神像。寺庙原有寺僧住锡，圆寂后因无徒弟来主持道场，就由石滩人氏简某住庙（村民称其为宪师）。民国时期，在"庙产兴学"运动中，寺庙被石滩乡政府划为石滩第六保小学校，教师为重庆人钱孟超，并在暑假期间聘请有重庆来的教师讲授"新学"。但宪师依旧住庙，主持村民的朝拜活动，每年要办三次观音会，会期时学校要停课放假。

中华人民共和国成立后，寺庙继续作为小学使用。"文化大革命"中寺庙佛像被毁，寺宇被拆，后村民将寺址辟为耕地。20 世纪 80 年代，巴南区行政区划调整时将莲花坪更名为芦花坪。20 世纪 90 年代初期，当地信众募资在原寺址处建殿堂 1 间，重续古刹香火，遗址现还存有古佛像 4 尊。

二、遗址概况

花果庙遗址坐西向东，海拔 819 米，东经 106°52′4″，北纬 29°11′51″。遗址在 20 世纪 50 年代被破坏后，已被村民开垦为农田，原建筑格局已不存。发现有佛像残件4尊，编号D1：1、D1：2、D1：3、D1：4。根据雕刻工艺判断，应为清代遗物。

D1：1，为土地公、土地婆造像，圆雕，青石质，头部为现代补塑，肩部可见水泥接痕。残高0.78米，呈站姿于方形台座之上。土地婆身披云肩，上身着对襟式袍衫，身体正面中央阴刻纵线，两侧有两排纽结，外袍衣摆垂于小腿处外翻，露出裙装，下身着裤，露出鞋尖。土地婆右手搭于土地公右肩，左手在腹前与土地公左手十指相连。土地公着圆领长袍覆足，腰着带，足穿平屐。整尊造像石质粗糙，技法也无特别之处，但极富生活情趣。

D1：2，头部为现代补塑，圆雕，青石质，残高0.76米，呈站姿于方形台座之上。上身着右衽式短衫，外束一条腰裙，裙长覆足。左手垂于体侧，右手屈肘于腹前执一长棒。

D1：3，头部为现代补塑，圆雕，青石质，残高0.72米，身着右衽式长衫，双手于腹前合拢似捧一物。

D1：4，头部为现代补塑，圆雕，青石质，残高0.63米，着圆领宽袖长袍，呈坐姿于方形台座之上。

花果庙遗址风光

花果庙遗址佛像

花果庙遗址佛像

花果庙遗址佛像

花果庙遗址

花果庙遗址佛像

双河庙

一、寺院概况

双河庙,位于巴南区石滩镇先锋村黄牛沟合作社,始建年代不详。寺址坐西向东,位于沙石坎冈山脚,四周崇山峻岭,群山环抱,寺前有溪涧流淌,恬静幽深。寺庙地处山间盆地,周围的山脉如巨龙奔腾而下,均朝于孤峰突兀的沙石坎冈,古称"九龙朝珠"之地,双河庙就建在这颗"龙珠"之上。寺院建筑依山而建,三合院布局,土木结构建筑,有玉皇殿、龙王殿、城隍殿等,供奉有石雕龙王、观音菩萨、玉皇及木雕川主、城隍等神像。庙有地5亩,由龛师王举能兼种谋生。据村民讲述,以前寺庙每年要办几次大的庙会,如每年的农历二月十九、六月十九和九月十九三次观音庙会,农历六月二十四的川主会,正月初九的上九会等,历史悠久,极具民间信仰特色。会期前一个月,各村会首即到庙里商议会期日程,并选举本届会首执事人员等,而后到各村募化钱粮。每逢活动期间,以先锋村为中心,方圆数十里的乡民都来敬拜观世音菩萨、川主菩萨等神佛像。这一天寺院附近的平坝上还挤满了各乡赶来的生意人做买卖,依托庙会形成了自发的集市交易。从村口到双河庙一路上人头攒动,全是陆续赶来敬香还愿的乡客信众和交易货物的各村农民。

20世纪50年代,寺庙建筑曾被用作村办公室使用。"文化大革命"时建筑、佛像俱被毁弃。1995年,当地信众募资重修砖混结构殿堂1间重续香火,现山门上撰有一联:"神有灵必得敬之,人无善定遭祸乎。"

二、遗址概况

双河庙遗址坐西向东,海拔744米,东经106°53′18″,北纬29°10′58″。遗址地表现为现代建筑所覆盖,原寺庙建筑格局已不存。发现有石香炉1

件，乡民称其为"坛神"，高 0.47 米，直径 0.42 米，上有浅浮雕花卉图案。根据雕刻工艺判断，应为民国年间作品。

双河庙遗址坛神

双河庙遗址新镌题刻

双河庙遗址新镌题刻

天成寺

一、寺院概况

天成寺，位于巴南区南泉镇新式村天成合作社，始建年代不详。寺址坐南向北，后靠红米子冈，左邻甲马石冈，右靠凤凰咀。寺周绿树茂密，曲径通幽，鸟语花香，是一处修行的佛门佳地。寺院由山门、钟鼓楼、天王殿、大雄宝殿、玉皇楼等建筑组成，按中国禅林风格布局。原山门上有由龙形图案组成的篆字匾额"福、禄、寿、喜"。天王殿供有四大天王、鲁班泥塑神像，大雄宝殿供奉石质释迦佛，五百罗汉分列两旁，玉皇楼供奉一尊高约 4 米的木雕玉皇像。中华人民共和国成立前还有寺僧 2 人住锡。

20 世纪 50 年代，寺院被毁，佛像被弃之于山林中，建筑亦大部分被拆除。

二、遗址概况

天成寺遗址坐南向北，海拔 347 米，东经 106°40′5″，北纬 29°25′56″。南北长约 38 米，东西宽约 26 米，占地约 988 平方米，平面呈长方形，共三进院落，分别是鼓楼和天王殿遗迹、大雄宝殿遗迹、玉皇楼遗迹。

鼓楼遗址位于寺院第一进院落的东部，仅残存基础，平面呈正方形，边长 6.8 米。阁内地面大部分已被破坏，仅中部残留三合土地面，质地坚硬。

天王殿遗址位于第一进院北部，残存部分基础，坐南向北，平面呈长方形，南北长约 18 米，东西宽约 21 米。北侧正面未发现台阶痕迹，应是被破坏无存。天王殿四墙仅西墙残存基槽，宽 2.14 米，底部残留三合土，厚0.25 米，三合土上残留少量砌墙的石块。

大雄宝殿遗址位于第二进院北部，坐南向北，平面呈长方形，南北长约12 米，东西宽约 20 米。大殿地面已被破坏，西侧残留柱础 1 个。

西配殿遗址位于第二进院西侧，坐东向西，现存北墙、西墙。北墙高约4米，长约8.87米，由条石垒砌。西墙高约3米，长约4.8米，上有题刻。

玉皇楼遗址为第三进院落，地表现为土堆覆盖。

发现石碑残件1通、题记2则、石构件3件。

1. 石碑残件

位于遗址北侧100米民居前地面。"同结善缘"碑，仅存碑首，半圆形，青石质，残高0.24米，残宽0.57米，厚0.08米，存碑首阴刻楷书"同结善缘"。

2. 题记

《门柱石题记》位于大雄宝殿遗址西侧，现民居墙基处。

《重修玉皇楼题记》位于西配殿西墙，为长方形浅龛，龛长0.82米，宽0.33米，进深0.03米。

3. 石构件

包括柱础1件、石象1件。根据石构件造型及雕刻工艺判断，应为清代遗物。

柱础，位于大雄宝殿遗址东侧，现民居院前地坝中，呈正方形，顶部略残，每一面都浅浮雕花卉图案。高0.44米，长0.42米，宽0.42米。

石象残件，位于寺院遗址西侧约600处水塘边，仅存象头，残高0.34米，残宽0.28米，残长0.34米。

天成寺对联拓片

天成寺题刻

天成寺遗址

天成寺石刻残件

天成寺石刻残件

天成寺遗址

天成寺石刻残件

天成寺石刻残件

天成寺石碑残件

608

天成寺石柱础残件

天成寺石刻残件

天成寺石刻残件

天成寺题刻残件

天台寺

一、寺院概况

天台寺，位于巴南区石滩镇天台村茶店垭社，始建年代不详。寺址坐北朝南，位于天台寺冈顶，后靠濮家石梁子，左邻石林冈，右接桂花湾。寺周草木茂盛，山花烂漫、松柏参天，因寺院地处高崖，常隐于云雾之中，只有云消雾散才得一见，故名"天台寺"。

寺址所处为山中高地，有三个相连的山包，形如葫芦。寺院即建在第二个山包上，傍山而筑，梯级布局。原寺院主体建筑位于中轴线上，依次为山门、关圣殿、玉皇楼、观音殿、藏经楼等，东西两侧建筑为客堂、斋堂、戒堂等，共占地约 2000 平方米。据村中老人黄孟海回忆，寺院在兴盛时期有寺僧 8 人在此住锡，大小石雕佛像 200 多尊。关圣殿供有十八罗汉、二十四位诸天、关圣帝君，玉皇楼奉有玉皇、佛爷（释迦佛）、阴地王、牛王、灶神、太阳菩萨等神佛像，观音殿供奉的送子观音由香椿木雕刻而成，弥勒佛为黄铜铸造。据说雕制送子观音像时用的香椿木，为乡中富绅还求子愿而布施。在关圣殿和玉皇楼之间建有石牌楼 1 座，额书"洞天福地"，上面雕有二龙戏珠、双凤献瑞等图案。各殿宇之间甬道，全部由青石铺就。寺院整体建筑雄伟巍峨，气势恢宏。

天台寺曾经是石滩镇有名的禅寺，传说寺内藏有贝叶经。20 世纪 50 年代，寺僧被逐，贝叶经不知下落。寺院建筑成为乡政府驻地，后改为天台寺小学，建筑被逐年拆除改建。现乡民在离寺址东侧约 200 米处桂花湾山林中重修殿堂 1 间，接续香火。

二、遗址概况

天台寺遗址坐北朝南，海拔 843 米，东经 $106°53'54''$，北纬 $29°12'24''$。

山门前原有花桥到石滩的青石板路，中华人民共和国成立后改建为简易公路。20世纪80年代修建石滩镇到南川的公路时，从寺址通过，原寺院建筑格局已不存。

天台寺风光

天台寺遗址

天台寺遗址

天台寺遗址

广福寺

一、寺院概况

广福寺，位于巴南区石滩镇双寨村和平社，始建年代不详。寺址坐北朝南，位于大坵坎岩山腰地势平坦处，四周由火土岩口冈、大山坪山、望火灯山、鸡公山环抱，是一座典型的"深山藏古刹"式寺院。据村民彭显陆回忆，寺院为永峰寺脚庙，寺僧皆是委派而来，每两年轮换。负责管理附近的庙产山林和田地，每年约收租120石，与佃户四六分成后送去永峰寺。寺院建筑为四合院布局，木质结构。旧有大殿3间、东西禅堂各3间、韦驮殿1间。大雄宝殿供奉石雕释迦牟尼佛结跏趺坐于莲座之上，由四大天王各站一角将宝座用肩扛起，造型独特。每逢初一、十五附近各村的信众到寺里上香，祈求风调雨顺、顺心如意。

中华人民共和国成立后，寺僧被逐，佛像被毁，寺院建筑也被作为村小学使用。"文化大革命"中建筑被拆毁，寺址被辟为耕地，古刹从此匿迹。

二、遗址概况

广福寺遗址坐北朝南，海拔869米，东经106°52′46″，北纬29°12′42″。南北长约32米，东西宽约25米，占地约800平方米。地表现为开垦后的良田，原寺院建筑及建筑格局已荡然无存。寺址西侧约80米处山林中尚存僧墓1座。形制为牌楼石室墓，单室，由牌楼、墓门、墓室组成，通宽2.3米，残高2.2米。牌楼已坍毁，墓门立面呈长方形，宽0.68米，高0.94米，封门已被破坏敞开，散落于墓前。墓室用加工规整的条石、石板砌筑，宽0.98米，高1.2米，进深3.12米。墓室内壁浮雕有莲花、祥云图案，未见葬具及随葬品。从墓葬形制判断，为清代石室墓。

发现有石柱础1件，神像残件1尊，根据造型及雕刻工艺判断，均为清代遗物。

石柱础位于遗址西侧约 200 米处，村民张仁德院中。造型为两层垒叠而成，下层为方形，上层为圆鼓形。通高 0.39 米，直径 0.32 米。

神像残件位于遗址东侧约 300 米处山林中，头部残缺，残高 0.72 米，肩宽 0.31 米，神像身着长袍，长袍造型简练，衣长覆足，仅露出鞋尖，呈站姿于方形台座之上。双臂于体侧下垂，曲肘；双手合于胸前，右上左下，手持一物。身体比例略显失调。

广福寺遗址石柱础

广福寺遗址

广福寺遗址石柱础

广福寺遗址

广福寺遗址僧墓

广福寺遗址僧墓

广福寺遗址僧墓

广福寺遗址神像残件

大佛寺

一、寺院概况

大佛寺，位于巴南区跳石镇大佛村 4 社。据民国《巴县志》卷二《寺观》载，始建于明洪武年间。寺址坐东南朝西北，位于大佛寺山冈山腰处，周围群峰环绕，松柏满坡，景色优美令人陶醉。据村民田明光讲述，以前为躲避兵祸匪患，当地乡绅大户合力在山中地势险要处，垒筑城池寨门。大寨凭山设险而成，城墙筑于山顶周边，形成山有多大寨即多大、广阔几十里的大寨子。各处寨门或以城墙相连，或在崖高坡陡处据天险而守，如龙坑子寨门、烟波寺寨门、肖家千口寨门、堰沟㛚寨门、洞子口寨门等。整个寨子方圆几十里内，旧有三村五保。城寨内山坡田野稻麦花香，虽非江南而实胜江南，城寨外山势峭拔，四季烟云飘渺，寺院即位于整个山寨中央。据史料记载，在南宋时期蒙古军大举南侵，进入四川，围攻重庆。著名将领余玠临危受命，被任命为兵部侍郎、四川安抚制置使兼重庆知府、四川夔路财赋转运使，主持四川抗蒙兵事。在重庆周围的战略要地凭险构筑堤寨，作为抗击蒙古军的防御据点，所成者有"青居、钓鱼、云顶、天生凡十余城，皆因山为垒，棋布星分，为郡治所，屯兵聚粮，为必守计"。这些城寨构成了以重庆为中心的防御体系，在当时战争中发挥了重大作用。而大佛寺山寨在重庆的南方，与合川的钓鱼城、南川的玛瑙城有南北呼应之势，极有可能创建于南宋末期。明末清初，重庆地区战乱频仍，巴县为重庆外围，凡围绕重庆而展开的战争，巴县无不首当其冲。在这种形势下，大佛寺山寨就成为当地各乡民众，尤其是乡绅的避难之所。寨中的富绅出资雇村民轮流守护寨门防护，如遇有兵祸匪患的滋扰，则紧闭寨门，据险而守。村民称轮流守护寨门为"守更棚"，大佛寺也曾捐资造土炮 5 座，守卫城门。

村民田树深回忆，大佛寺为四合院式布局，木质建筑，有天王殿、观音殿、大佛殿三重殿堂。大佛殿高约 10 米，规模宏大，殿内供有木胎泥塑释迦牟尼像，高及梁架，金装彩绘，形态逼真。两侧塑十八罗汉，殿内四壁绘有《西游记》中唐僧西天取经的故事。观音殿内奉有铜铸鎏金千手千眼观世音菩萨像，42 臂分别执日、月、净瓶、宝杖、宝镜、金刚杵等法器，面部表情安详恬静，仁慈庄重。天王殿内供奉有韦驮菩萨、四大天王、十二圆觉等佛像。有僧照净、慧开、慧全、超华、通伦在此住锡，长老和尚为僧照净，长寿县人。寺有庙产，庙地在大榜、鸭子湾、瓢柄丘一带，每年有田租100 多石。大佛寺每年的会期不断，如观音会、药王会、财神会、牛王会等，以农历二月十九的观音会最为热闹。会期前半月，寺僧们提前就开始准备。庙会期间，前来烧香磕头的信众不计其数，山上山下人声鼎沸，香烟缭绕，钟磬喧天，历经明、清两代至民国，盛而不衰。

20 世纪 50 年代初，寺院的常住僧人因时势所迫，被迫离开寺院各奔东西，但当地信众仍常来上香朝拜。后寺院建筑被改为大佛寺小学校舍。"文化大革命"时期，寺院的建筑和菩萨像被严重毁坏。1972 年，寺院建筑被拆毁，古刹从此仅成人们的回忆。

二、遗址概况

大佛寺遗址坐东南朝西北，位于山林之中，周围山林葱翠浓郁，环境优美。海拔 649 米，东经 106°39′41″，北纬 29°14′27″。原寺院建筑在 1972 年被拆除，扩建为大佛寺小学校舍，原建筑格局已不存。

大佛寺遗址

大佛寺遗址

大佛寺遗址

大佛寺遗址风光

洪福寺

一、寺院概况

洪福寺，位于巴南区跳石镇沿滩村 12 社。寺址位于干鱼塘冈山脚，坐东北朝西南，左邻玄方冈，右接木鱼壳冈，寺前一片农田，视野开阔，远处有山包名庙高顶冈，若隐若现。据民国《巴县志》卷二《寺观》载，洪福寺在清雍正、乾隆、嘉庆、道光年间俱有重修，民国十一年上殿被焚，今已修复。寺院为四合院布局，砖混土木混合结构，抬梁穿斗混合式架构。乡民姚正良讲述，传说在很久以前，寺院本在庙高顶冈上，后毁于兵祸匪患。有乡中富绅舍出田宅建寺，故迁于此处。以前庙里有天王殿、大雄宝殿、玉皇殿等建筑。天王殿内正中供奉弥勒佛像，两侧分列有木雕四大天王。大雄宝殿台阶旁，有高约 3 米的铁铸化钱炉，殿内供奉石雕释迦牟尼像，两侧有泥塑十八罗汉像。玉皇殿东侧有石雕化钱炉，高约 4 米，殿内供奉玉皇、地母、灵官等神像。中华人民共和国成立前尚有僧通禄等 3 人在此住锡，住持为僧通禄，万盛人氏。寺院有塔落寺、黄金庵两处脚庙。20 世纪 50 年代，寺院被改为乡政府办公地，寺僧被逐。"文化大革命"中，寺院建筑被村民据为民居，现遗址还有 6 户村民居住。

二、遗址概况

洪福寺遗址坐东北朝西南，海拔 455 米，东经 106°39′3″，北纬 29°17′58″。东西长约 46 米，南北宽约 28 米，占地约 1288 平方米。寺院基址的特点是顺山势建成阶梯式平台，平台前沿由条石垒砌，然后在平台上建造房屋；主要殿宇都建在中轴线上，两侧为配殿，左右对称，呈南低北高状，从而构成一座重叠的四合院式寺院。遗址主要由天王殿遗址、大雄宝殿遗址、玉皇楼遗址及西配殿遗址组成。

天王殿遗址位于遗址的南部，平面呈长方形，建在高 0.70 米的台基上，南北宽约 15 米，东西长约 28 米。其南部正中存 5 级台阶，宽 3.26 米，两侧垂带石已被破坏。台阶下存石狮 1 对。现基址上建有现代民居。

大雄宝殿遗址位于天王殿的北端，平面呈长方形，建在高 1.48 米的台基上，通过台阶与天王殿相连，现存 7 级台阶，宽 3.25 米。大雄宝殿现存建筑面阔 29 米，进深 9.7 米，为砖混结构穿斗房，高 6.7 米。部分墙体、梁架已被移动。

玉皇楼遗址位于寺院遗址的最北部，建在高 1.95 米台基上，东西两侧各存 9 级台阶与大雄宝殿相连。现存建筑面阔 7.8 米，进深 12.4 米，高 6.8 米，土木结构穿斗房，东侧墙体已经被村民改为砖混结构墙面。基址东部现建有现代砖混结构民居。

西配殿位于遗址西侧，通过 9 级台阶与玉皇楼相连，原为寺院客堂。西配殿坐西向东，平面呈长方形，面阔 9.4 米，进深 7.6 米，土木结构，抬梁式梁架。西北侧墙体上开有券门，高 2.2 米，宽 1.1 米，下有 12 级台阶。脊檩上有题记。

遗物发现有石狮、佛像残件，根据雕刻工艺判断，应为清代遗物。

石狮位于天王殿遗址南侧台阶两侧。左侧的狮子座高 1.3 米，狮身高 1.9 米、宽 0.81 米、长 1.29 米。头部歪向一侧，面残，双耳伸出两侧，呈蹲姿，右前足残。右侧的狮子座高 1.31 米，狮身高 2.1 米、宽 0.95 米、长 1.29 米，双耳伸出两侧，双目圆瞪，口横长，且张开；右前足踏一绣球，背部浅浮雕双钱结，狮身身躯挺拔。狮座上有"道光乙未年，住持僧本□、本□同立"字样。

佛像残件位于寺址西部约 100 米处竹林中。圆雕，青石质，头部残缺，残高 0.66 米。上身着圆领右衽广袖长袍，呈坐姿于方形台座之上，下着裙装，露出鞋尖，腰系宽带。双臂于体侧下垂，左手指伸直，手掌朝下，扶于左膝上，右手于腹前执于带，双腕处向外翻出，长袖搭于膝外侧。

洪福寺遗址石狮底座

洪福寺遗址石狮

洪福寺遗址建筑

洪福寺遗址建筑（局部）

洪福寺遗址佛像残件

洪福寺遗址石狮底座铭文

洪福寺遗址殿堂内脊檩题记

洪福寺遗址外貌

红　庙

一、寺院概况

红庙，又名玉皇殿，位于巴南区跳石镇滩子口村 7 社，始建年代不详。寺址坐东向西，位于玉皇冈山顶，左邻风车坡冈，右接五马冈，山下为滩子口水库，与圣灯山隔湖相望。据村民回忆，以前的红庙背山临水，湖光映翠。寺内古柏参天，花木繁茂，环境幽雅。沿山下青石板路拾级而上，有山门（分列两旁有哼哈二将）、天王殿（供奉弥勒佛及"风调雨顺"四大天王）、鼓楼、钟楼、斋堂、客堂、大雄宝殿（供奉释迦牟尼佛、阿弥陀佛、消灾延寿药师佛、普贤菩萨、文殊菩萨）、玉皇阁（供奉玉皇大帝）、观音殿（供奉观音菩萨）、罗汉堂（供奉五百罗汉）、僧舍等建筑。主体殿阁依山而建，气势恢宏，古朴庄严。相传古代有高僧游方至此，见玉皇冈山势孤拔特立，独峙不群，树密林深，清泉涌流，叹为胜境。遂托钵募化、鸠工庀材，历时三载寒暑，于山上建成红庙，并手植金桂树一株以志记。因寺院红墙红瓦、红柱红梁，远远望去，如彤彤红日，蔚为壮观，故名红庙。寺院在鼎盛时期有僧众 6 人住锡，远近香客，络绎不绝，香火旺盛，热闹非凡。每年的六月十九，传为观音菩萨得道日，红庙香火极盛，附近各乡的香客一早便赶来朝拜。在进香之前，香客一般要沐浴斋戒，以示对于菩萨的虔诚。进香时香客大都要背一个黄布挎包，里面装着高香，一些家中父母生病的香客，还会穿上红色的衣服朝山进香。为表虔诚，有的香客从山脚一路跪拜直到山顶，有五步一叩、七步一叩，有的香客甚至是一步一叩，观音会一般要半月才结束。

1929 年，"庙产兴学"时期，红庙改为学堂。当时仅将罗汉堂改作教室，寺庙还有寺僧 3 人住锡，客堂便成了校长的办公处。观音堂仍供有观世音菩萨，许多罗汉塑像也都移动到观音堂，实行了封存。赶庙会的习俗还保留着。中华人民共和国成立后，红庙被改为村小学使用。村中老人回忆，寺内有五百斤大铁钟 1 只，铸有乾隆年号，1957 年办"农中"时丢失。寺东南角有石鼓 1 个，西北角石钟 1 个，分别于 1953 年和 1969 年被毁。"文化大革命"时寺中佛像被砸毁，但建筑得以保存。20 世纪 90 年代初，镇乡小学合并，红庙小学被撤销。2003 年，原寺院建筑被拆毁，复耕为农田。

二、遗址概况

红庙遗址坐南朝北，海拔 641 米，东经 106°42′55″，北纬 29°13′30″。遗址平面呈长方形，南北长约 38 米，东西宽约 23 米，占地约 874 平方米。原寺院建筑在 2003 年被村民拆毁，辟为耕地。现存有神像 1 尊，为山王造像，圆雕，青石打造，残高 0.73 米，肩宽 0.39 米。山王踞坐在虎身之上，左脚踏虎头，身躯健壮，圆背宽肩，身着铠甲，虽残损，仍不失威武之势。整体造型圆实敦厚，雕刻风格粗犷质朴。

红庙遗址

红庙遗址神像残件

红庙遗址

红庙遗址

虎峰寺

一、寺院概况

虎峰寺，位于巴南区跳石镇大沟村 8 社虎峰寺冈。据民国《巴县志》卷二《寺观》载，始建于明天启四年。山中冈奇林茂，翠壑诱人。寺址四周有五个山包相围，形如莲花瓣。寺址恰位于花蕊处，村民称其为"莲花宝地"。传说有风水先生从南川寻龙脉到此处，发现已建有寺院，竟气绝身亡。自明代建寺以来，香火不断。有村民称，因有古刹庇佑，周围几十里地界，从来都是风调雨顺，无灾无祸。寺院原占地面积约 1000 平方米，呈四合院布局，原有山门（天王殿）、大雄宝殿、藏经楼等建筑。供奉有送子观音、观音菩萨、四大天王、药王等 100 多尊石佛像。中华人民共和国成立前有寺僧 4 人住锡，住持龚和尚，长寿人氏，武医皆通。有村民文实清的妹妹，在砍柴时不甚跌伤，因流血过多，伤愈后头发脱落，经龚和尚配草药内服外用，很快就长出满头青丝。

20 世纪 50 年代，寺僧被逐，庙产被没收。"文化大革命"中佛像被捣毁，建筑被村民拆毁。龚和尚带领众寺僧去了峨眉山，92 岁时圆寂。

二、遗址概况

虎峰寺遗址坐西向东，海拔 602 米，东经 106°37′35′，北纬 29°19′27″。遗址位于山林之中，平面呈长方形，东西长约 43 米，南北宽约 32 米，占地约 1376 平方米。原寺院主要建筑都在中轴线上，有三进院落，次要建筑建于中轴线两侧，对称布置。由山门（天王殿）遗址、大雄宝殿遗址、藏经楼遗址组成。

山门（天王殿）遗址，天王殿也是寺院的大门，坐落在条石垒砌的台基上，东西长约 8 米，南北宽约 19 米。现遗址北部前端尚存部分台基遗迹，高约 2 米，残宽约 7.2 米，其余皆被村民撬掉，建筑房屋。

大雄宝殿遗址位于山门遗址西部，东西长约 13 米，南北宽约 28 米，残存部分基础，平面呈长方形，殿内地面大部分已被破坏。仅北侧部分地面残留铺地砖，发现有石柱础 1 个。

藏经楼遗址位于大雄宝殿遗址西部，东西长约 14 米，南北宽约 26 米。村民在基址上重修有砖混结构殿堂 3 间，发现有佛像底座、佛像残件等物。

发现有佛像底座、佛像残件、石柱础各 1 件，根据雕刻工艺判断，应为清代遗物。

佛像底座位于藏经楼遗址南侧，残高 0.48 米、宽 0.37 米、厚 0.20 米，青石材质。残存佛像下半部，可见双足结跏趺坐于方形台座之上。袈裟覆脚，腿部衣纹阴刻弧线纹，方形台座上可见浅浮雕悬裳下垂。中间接近方形衣角，两侧较对称，下垂近椭圆形衣角，边缘为波浪形褶皱。

佛像底座位于藏经楼遗址南侧，为方形台座，高 0.42 米、宽 0.32 米、厚 0.23 米，左侧有铭文。

石柱础位于大雄宝殿遗址东侧，通高 0.41 米，直径 0.45 米。为两层重叠而成，上层为圆鼓形，浅浮雕仰瓣莲花，莲瓣下有连珠纹；下层为方形，每一面皆开浅龛，浅浮雕动物、花卉图案。

虎峰寺遗址石柱础

虎峰寺遗址新塑佛像

镜子寺

一、寺院概况

镜子寺，位于巴南区跳石镇大沟村，始建年代不详。寺址坐南朝北，位于镜子寺山冈顶，右邻大坪冈，左接朝金寺山冈，面向虎头寺山冈。寺院附近几座山上皆有古刹，如毗卢寺、虎峰寺等，在晴天时几所寺院还能隔山相望。据村民李德林讲述，传说在古代有位云游僧人走遍大江南北，来到巴县跳石大沟村，见此地山峰青翠、谷深泉幽，又爱此地民风淳朴，遂寻了一处山冈住下，结蓬而居。他栽花种树，只数年间就把寺庵修整一新。高僧除日日参禅打坐外，每日晨间还按时鸣锣击鼓为乡民祈求安宁。说也怪，这锣鼓声非比寻常，声音所及之地，人畜平安。附近的乡民非常感恩这位和尚，每年农作物丰收之后，有不少村民到寺院烧香还愿，多有应验。因香火灵验，古寺的名声不胫而走，传遍四乡八邻。此后，寺院香火日渐旺盛，盛极一时，再经逐年培修，寺庙渐成规模。原寺宇依山而建，坐南朝北，中轴线上共有三座大殿。一进为天王殿，供奉石质关圣像、泥塑十二圆觉菩萨和四大天王像。跨过宽广的 19 级青石台阶，为二进大雄宝殿，巍峨高大，中间供奉木雕金身的释迦牟尼佛像，法相慈祥庄严，两侧供奉石雕十八罗汉。大雄宝殿的两旁为观音堂和药师殿。后面是一道高约 3 米的土坡，耸立着第三进川主殿，中间端坐着能呼风唤雨的川主菩萨，两侧供奉着本土祀奉的一些神灵如牛王、药王、梅山、灵官、王母、眼光菩萨、黑神等。观音寺在中华人民共和国成立前还有 5 名僧人在此住锡，有庙产田地 60 多亩、林地 100 多亩等。每年的"四月二十八"药王庙会，规模很大。庙会期间，山上山下人声鼎沸，香烟缭绕，钟磬喧天，晚上还要在戏楼唱大戏颂药王、耍狮子。据说有些身染怪疾的信徒四处求医无效，在这一天拜了药王菩萨后，将供在佛台上寺僧配好的药液，请回去服用，皆能痊愈。故前来烧香磕头的信众不计其数，这一风俗一直延续到 1949 年后才中断。

20 世纪 50 年代，"土改"运动时，寺院庙产、田地、山林等被没收，寺僧被迫还俗。"文化大革命"中，寺院佛像被毁，建筑被拆，只剩一片荒芜凄凉之景。

二、遗址概况

镜子寺遗址坐东向西，海拔 377 米，东经 106°36′42″，北纬 29°16′41″。寺址依山而建，修成二级平台。建筑在 20 世纪 50 年代被毁弃后，寺址已为深草所掩，荆榛匝地，原寺院建筑格局已不存。

镜子寺遗址

千佛寺

一、寺院概况

千佛寺，位于巴南区跳石镇圣灯山村 11 社。据民国《巴县志》卷二《寺观》载，始建于明，清乾隆、嘉庆、道光年间补修。寺址坐东朝西，位于千佛寺冈山脚，左接河沟湾冈，右邻张家山，面对望乡台山，视野平敞开阔。寺院为四合院布局，坐北朝南，占地二千多平方米。据村民回忆，寺院建筑为砖混土木结构，分山门、钟鼓楼、前后大殿、藏经楼，三层院落，层层叠高，远远望去，气势雄伟而壮观。在山门上悬挂"千佛寺"金匾，山门内两面相对站立四大金刚，青面獠牙，威武凶煞。进了山门，是大雄宝殿，木雕的如来佛双手合十，结跏趺坐于莲台之上，高约丈许，慈眉善目。中殿为十八罗汉殿，一个个罗汉挺着大肚，神采飞扬，各具神态。后殿最为高大雄伟，殿内十平方米大小，为僧众聚会议事的地方。四壁墙上塑有千尊小佛，千奇百怪，栩栩如生，又称"千佛殿"。大雄宝殿东有关公殿，西有地藏菩萨殿，相互对称，与前钟楼、鼓楼相互呼应。院内松柏参天，殿前石碑林立，通行道路石条铺成。所有殿宇建筑结构严谨，建筑奇特，青瓦铺顶，飞檐斗拱，雕梁画栋，雄伟壮观。中华人民共和国成立前尚有僧智全、僧云海等 6 人在此住锡，每年收租谷 160 石。寺院自明代建成以后一直香火旺盛，香客盈门。从头年腊月至第二年夏，会期不断，方圆数百里虔诚香客都来此敬香拜佛。20 世纪 50 年代寺庙遭到严重破坏，寺僧被迫还俗，佛像被毁，寺院建筑被改为学校。1967 年学校搬迁后，部分建筑被当地乡民占用，经逐年改造，寺院旧貌已失。原山门外有两个高低不一的山包，形如木鱼。20 世纪 80 年代，村民建房时将山包挖平。

二、遗址概况

千佛寺遗址坐东朝西，海拔 801 米，东经 106°41′0″，北纬 29°13′42″。原寺院建筑、佛像等在"文化大革命"中毁损殆尽，建筑格局及风貌已不存。遗址现为民居所覆盖，发现有石柱础、石水槽、佛像残件、老砖、石狮等，根据雕刻工艺判断，应为清代遗物。

石柱础位于吴姓村民住宅前，倒放半掩埋于泥土中，位置已移动。由两层垒叠，下层为方形，上层为圆鼓形，通高 0.48 米，直径 0.36 米。

石水槽位于吴姓村民住宅前，青石质，圆形，高 0.46 米，直径 1.34 米。

老砖位于吴姓村民住宅前，约有 30 块，被垒砌成院墙。

石狮位于寺址东侧约 100 米处山林中，石狮身体蹲坐，左狮爪踏一绣球，头、胸宽度几乎相等，两腮有疙瘩突出，表情和善，狮座一体，通高 0.89 米，宽 0.42 米。

佛像位于寺址东侧约 100 米处山林中，佛像头部为现代补塑，残高 1.24 米，身着长袍，呈坐姿于方形台座之上。

千佛寺遗址远景

千佛寺遗址石狮残件

千佛寺遗址

千佛寺遗址

千佛寺遗址

千佛寺遗址佛像残件

千佛寺遗址佛像残件

千佛寺遗址

千佛寺遗址石水缸

千佛寺遗址石水缸

千佛寺遗址石柱础

五通庙

一、寺院概况

五通庙，位于巴南区跳石镇楒林村 5 社，始建年代不详。寺址坐南向北，位于村里地势开阔处。寺庙建筑为四合院布局，土木结构。以前从綦江到重庆的官道即从此经过，自古香火旺盛。1940 年由当时的乡公所出面利用五通庙房舍兴办楒林村小学。新中国成立后也一直作为村小学使用，直至1967 年学校搬迁。庙内天井西侧曾有一通青石碑记载着建庙的有关内容，可惜该碑已毁于"文化大革命"。据村民回忆，寺庙以前有觋师 1 人守庙，所供奉的神灵较繁杂。上殿正面供有送子观音、释迦佛，两边奉有雷神、火神、灵官、药王等神灵。下殿供奉有川主、文昌、关圣、地母、土地、石猪菩萨、坛神等神像，庙墙上还绘有各种彩绘，如八仙过海、四大天王等。每到农历初一、十五，香火不断，香客众多，有求财的、求子的，还有求平安的，据说所供神像非常灵验。香客在烧香上烛，叩拜完神灵，出了功德后，觋师会给其一小布袋，里面装有一些草药，回去煮汤服了，就表示得到了神灵的保佑。每当干旱季节，村民聚集在五通庙，由觋师设坛祭祀求雨、祈祷。内容多为烧纸、上香、供奉食物、喝符水、撒糯米等。而后村民在觋师的带领下抬着菩萨神像或牌位到村里巡游。各家各户要备好纸烛果品迎接，场面热闹非凡，一般走到半路，大雨即噼噼啪啪地落下来。

从村民的描述中，可以知道，五通庙不是单一的供奉一种神像，而是包括了佛教的神像、道教的神像和当地民间信仰文化的融合。其中石猪菩萨、坛神是当地的一种民间信仰。石猪菩萨为家畜的保护神。据描述为一菩萨像呈坐姿于猪身上（未见实物），专门管家畜无病无灾，生长旺盛。坛神则是一石雕香炉（未见实物），据说村民如要出门远游，若先来拜坛神菩萨，可保路途平安。

五通庙虽然是一个小庙，但是它浓缩了这一地区人们的信仰。释迦佛、文昌、送子观音、家畜的保护神等共居一庙，说明当地的民间信仰不是单一的，而是多元融合的，只要能达到人们的要求，就能得到人们的信奉，体现了民间信仰的现实功利性。

二、遗址概况

　　五通庙遗址，海拔817米，东经106°43′27″，北纬29°10′27″。坐南向北，平面呈长方形，四合院布局，现存前殿、后殿、厢房。面阔34米，进深21米，高6.3米，台基高0.42米。土木结构，悬山顶，抬梁式架构，顶覆青瓦。墙体大部已被改造，仅余部分梁架。山门直接开在前殿的正中，青石构成的门柱上有联，表面大部已脱落，漫漶不可识读，门楣上阴刻有楷书"五通庙，泽沛西川"。

五通庙遗址

五通庙遗址

五通庙遗址

五通庙遗址

五通庙遗址

新开寺

一、寺院概况

新开寺，位于巴南区跳石社区梁岗村6社。据民国《巴县志》卷二《寺观》载，始建于清乾隆四十二年。寺址坐西南朝东北，位于陈家山腰地势平坦处，左接上台垭冈，右接尖子山，面向石林冈。寺院依山而建，四周青山环抱，深谷纵横，山林葱翠浓郁，环境清幽。站在陈家山顶俯瞰庙址，其地形犹如九朵莲瓣，而寺址正位于花蕊处，是难寻的风水宝地。寺院为四合院布局，木质结构，有石牌楼、山门、观音殿、玉皇楼等建筑。观音殿供有观音菩萨、佛爷（释迦佛）、牛王、财神等像。玉皇楼奉有玉皇、孔子、地母、鲁班等神像。这些神佛像全为木雕，造型优美，彩绘贴金，千姿百态。传说在清代乾隆年间，本地有富绅陈文仲夫妇二人，虽然田宅广有，家资巨富，但老来仍是膝下子女全无，他们生性好佛，于是商议将家资田宅用以建寺修庙，并约定如果谁先寿终，另一人就招僧建寺。不久陈夫人无疾而终，陈文仲就将自家田地舍出为庙业，并落发为僧。至中华人民共和国成立前还有僧延林等3人在此住锡。寺有庙地，集中在跳石草房子、苗谤、岩上一带，长期佃租给王淳遥等人耕种，每年要收租60石。有4处脚庙，为新农寺、观音寺（綦江）、文庙（巴县太平场）、水口庙。寺内常年会期不断，每年的主要会期有上九会（正月初一到初九，为期九天）、鲁班会（农历五月间，主要是手艺人如石匠、木匠等办会）、牛王会（农历的十月初一，由乡间会首操办，可保四境家畜无病无灾）、观音会（农历的二、六、九月）等。

据村民舒自云老人讲述，以前雕刻佛像在木匠活里属于"弯墨"，非常讲究，分了很多的派系，都有传承。其师爷蒋春坪曾参与雕刻新开寺的木质佛像地母、鲁班像。在正式开始雕刻佛像前，先要选吉日，雕刻艺人要沐浴净身，戒荤、酒等，然后敬菩萨、打糍粑、沐浴敬香等，而后所要雕刻的神佛就会给工匠托梦现身，工匠才能依照梦境见到的模样刻出，其形象逼真，各具神态，栩栩如生。在完工的时候，还要在背部挖一小方孔，里面放盐、茶、米、豆、金、银、铜、铁等。寺院的长老和尚再给木像"开光点像"，最后方大功告成。

20 世纪 50 年代，寺院内佛像被破坏，僧人被逐。寺僧远遁至贵州某地的木瓜庙。1961 年，因村民用火不慎，寺院建筑被焚毁，古刹匿迹，成为民间传说。

二、遗址概况

新开寺遗址坐西南朝东北，海拔 786 米，东经 106°42′48″，北纬 29°12′17″。遗址平面呈长方形，南北长约 32 米，东西宽约 25 米，占地约 800 平方米。寺院建筑在 1961 年被大火焚毁，后村民在基址上砌有现代民居，原寺院建筑格局已荡然无存。

现存殿前平台，南北长 11.2 米，东西宽 15 米，地面用加工规整的青石铺筑，南端与殿堂基址相连。

新开寺遗址

新开寺遗址

新开寺遗址

新开寺遗址

新开寺遗址僧墓

新开寺风光

白杨寺

一、寺院概况

白杨寺亦名白杨庙，位于巴南区一品镇永益村，始建年代不详。寺院规模宏大，共有大小房屋 30 多间，鼎盛时期有寺僧 10 余人住锡。寺院坐北朝南，分上下两院。依次有山门、钟鼓楼、天王殿、大雄宝殿及观音殿、地藏殿、祖堂（内塑达摩、惠能）、伽蓝殿等建筑。院内辟曲尺围廊、蹬道、月门等。院中林荫蔽天，清凉爽人，院外古木环抱，浓荫四蔽，景色幽邃。殿内有大小佛像 60 多尊，其中以二十四诸天菩萨最为威风，形象生动。

以前从重庆到贵州、云南等地有一条茶马古道，始于唐朝。古道起于长江边上南岸区海棠溪渡口，是重庆城通往西南直达东南亚的一条商业大道。起点在渝中区储奇门，在此乘渡船过长江由海棠溪入境，再登涂山老君坡，经黄桷垭、老厂铺，过泉山垭，下三百梯出界。去鹿角场到南温泉后，抵界石镇，再到公平、一品场而后到达綦江，由此可通达贵州、云南等地。茶马古道边多寺庙，白杨寺即是其一。古道在过一品场时，即从寺院门前穿过。寺院因古道的繁华而兴盛，常年香火不断。村民李德贵回忆，因寺庙的位置正处在去綦江的必经之路上，长年来往客商络绎不绝。庙里的僧人为方便行人解渴，每日都在庙门旁放置有茶水，供行人免费饮用。到了每月的初一、十五，到寺院来敬香拜佛的过往客商、乡间信众等，络绎不绝，或祈祷路途平安，或为家人祈福。而凡逢大的会期如观音会、药王会、玉皇会等，做会的信众来自四面八方，如重庆、綦江、贵州、巴县等地。香客要在寺院门口排成数百米长队等候敬香供佛，热闹非凡，每次会期要长达半个月才散会。寺院在"文化大革命"中遭到严重破坏。寺内木雕泥塑佛像，包括地藏菩萨、骑狮文殊、骑象普贤、骑狮朝天吼观音，以及关公和八尊伽蓝护法神，全部被砸毁。在拆毁大雄宝殿时，在脊檩上发现写有一段文字，仅可辨认出

"皇清乾隆三十五年"字样。

2005年，当地信众募资在距寺址北侧1000米处，马脑壳山下，龙滩嘴河边，重修殿堂1间，塑有释迦佛、观音菩萨、药王、灵官等佛像供奉。

二、遗址概况

白杨寺遗址坐南向北，海拔259米，东经106°35′6″，北纬29°17′43″。遗址现已为现代民居覆盖。原寺院柴房现为村民住宅，经逐年改造，现还保留有山墙一面。残高3.8米，宽4.7米，墙身系用黄土、谷壳混合后夯筑而成。

发现有柱础3个，位于民居旁，形制相同，通高0.50米，直径0.33米，由两层垒叠而成，下层为正方形，上层为圆鼓形。

白杨寺遗址前石拱桥

白杨寺遗址前石拱桥

白杨寺遗址

苦竹庙

一、寺院概况

苦竹庙，位于巴南区一品镇七田村 5 社，始建年代不详。寺址坐西南朝东北，后有寨子山相护，左邻打钟冈，右接童更子山，寺院门前为一片开阔地，视野辽阔。寺院建筑为四合院布局，穿斗式结构。民国时期有僧万容等 2 人住锡，每年收庙产 20 余石。村民唐曾玉回忆，寺庙正殿供奉有灵官，所以又叫灵官殿。殿内所奉塑像除灵官像外，还有哼、哈二将，三尊塑像都很威武凶猛。灵官为木刻雕像，雕刻精美，红脸虬须朱发，三目怒视，锯齿獠牙，虬须怒张；右手执金鞭，左手掐灵官诀，身披金甲，足踏风火轮，威风凛凛。民间传说，灵官统领百万神将神兵，能走火行风、穿山破石、飞腾云雾、祈晴祷雨、镇妖伏魔、至刚至勇，还能治病驱邪、收瘟摄毒、普救生灵，法力无边。山门在 20 世纪 30 年代曾经改扩建，内奉弥勒佛和四大天王。天王也叫金刚，故也称金刚殿，其造像与一般佛寺无异，也是各手持一物，象征风调雨顺之意。

20 世纪 50 年代，寺院建筑被村民所占，佛像被捣毁，寺僧远走他乡，苦竹庙从此匿迹，成为民间记忆。

二、遗址概况

苦竹庙遗址坐南朝北，海拔 371 米，东经 106°32′13″，北纬 29°15′46″。平面呈长方形，东西宽约 21 米，南北长约 38 米，占地约 798 平方米。寺院为四合院布局，穿斗式结构。墙身为竹片加黄土、谷壳混合夯筑的"夹壁墙"，顶覆青瓦。遗址正殿已不存，仅余东西两侧厢房及山门，现为村民住宅。

寺址西部约 70 米处竹林边，发现有碾米槽遗迹，被泥土淹没大半，直径 1.63 米，青石打造。

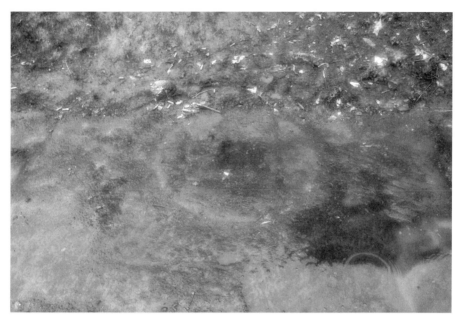

苦竹庙遗址石碾槽遗迹

苦竹庙遗址

苦竹庙遗址

巴国佛踪——巴南区佛教遗址碑拓辑录(下)

苦竹庙遗址

苦竹庙遗址

云龙寺

一、寺院概况

云龙寺，位于巴南区一品镇七田村 5 社。据《巴县志》卷二《寺观》载始建于明代，清道光七年补修。寺址坐南朝北，位于云龙冈山顶地势开阔处，后靠大坪冈，左接火烧山，前临小岚垭。山上林木葱茏，山岚谷雾，莽莽苍苍，春日山花烂漫，夏日满目苍翠，秋季野菊漫山，冬天苍茫雄浑，四时之景不同。寺院依山而建，主要建筑都在中轴线上，面积相当广阔。村民黄连昆说，明代建造的大雄宝殿偏南，北至山门有近百米，后因兵灾横祸废弃。清光绪七年在中轴线南端约百余米的地方建造了新大殿。新中国成立前寺院每年要收租约 150 石。有山门、放生池、金刚殿、大殿、川主殿、观音阁及左右配殿等建筑。观音阁正面供有木雕千手观音像，鎏金溢彩，呈坐姿，背面是尊送子观音。山门前有对青石打造的石狮，连底座高约 3 米。寺内有清光绪间铸造、重约千斤的大铜钟和小铁钟各 1 口。自明朝建庙以来，寺庙就逐步兴盛，远近前来烧香拜佛者日众，寺院规模日渐增广。一年四季，寺院香客不断，香火甚旺之时，方圆三里都能听到晨钟暮鼓声和僧人吟诵经文之声。

据村民周天林回忆，寺院每年要举办几次大的庙会，如农历三、六、九月的观音会、川主会、财神会等。以每年农历六月二十四的川主会最为热闹。在会期前几个月，寺僧就要联络当地乡绅、会首择定吉日，并选出当届庙会执事的会首，到各乡化募钱粮并登记造册。到了选定的吉日，寺僧先到正对山门前一处小土包（乡民称为悬幡台）上，悬挂经幡。执事人员点上香烛，燃放鞭炮，吹奏鼓乐。然后寺僧沐浴敬香，先为川主菩萨洗脸抹身，除去灰尘和污垢，然后为菩萨换上新的袍褂（红色丝绸织物）。然后寺僧带领全体会首在川主殿顶礼朝拜菩萨。此时寺内大厅上跪满了前来参加祭拜仪式

672

的善男信女，殿上烛火通明，殿外鞭炮和鼓乐齐鸣。祭拜仪式结束以后，川主菩萨出巡。殿堂里的川主菩萨不动，另有一座平时轮流供奉在各乡会首那里的小型木质川主菩萨抬着出巡。前面有执事人员敲锣打鼓开道，后有自愿到寺院里来服务的信众举着彩旗尾随。大约在中午时分抬回寺院内接受信众的供奉。朝圣者一般带有一竹篮，也有的用布袋，装有香烛、瓜果、糕点、香油等，供奉在菩萨座前。如果头年许愿达到了目的，第二年上香还愿的信众，还会带上他们曾经许愿的物资，如香油、米果、金钱等，兴高采烈地向菩萨表功报喜。有的方圆百里外的香客也不辞路遥来庙里烧香磕头，祈求菩萨降福。

20 世纪 50 年代，寺院遭到严重破坏，佛像、典籍付之一炬，铜钟被砸毁，佛寺成为废墟。

二、遗址概况

云龙寺遗址坐南朝北，海拔 393 米，东经 106°32′13″，北纬 29°15′46″。寺院建筑在 1958 年被大火焚毁。地表现为荆棘覆盖，偶见有老灰砖、瓷片等遗物。

在田野间发现有老灰砖数块，尺寸大体相同，位于寺院大殿遗址，应为寺院遗物。

云龙寺遗址

云龙寺遗址

云龙寺遗址

云龙寺遗址

云龙寺遗址

云峰寺和乐善堂

一、寺院概况

云峰寺和乐善堂，位于接龙镇柴坝村柏杨坎组，始建于清同治年间。寺址坐南朝北，位于水井坪山腰处，依山而建，面向天井坪。周围群山环抱，层峦叠嶂，气势雄伟，景象万千。寺院旧有寺僧 3 人住锡，20 世纪 50 年代寺僧在附近乡村还俗落户。云峰寺原有山门、大雄宝殿、观音殿、念佛堂、禅堂等建筑，毁于 20 世纪 50 年代。乐善堂为寺院主办的慈善机构，四合院布局，木质结构，紧邻云峰寺，现存西厢房 1 间。旧时乐善堂以弘扬佛家慈悲济世、积德行善的精神为己任，实施济困扶贫、修桥造路、抚孤恤寡、助残助学、救灾救难等善举，在乡民中颇有口碑。每到年底或遇到天灾人祸的时候，乐善堂会免费向穷人派米，派济饥饭、济饥粥等。有需要的乡民，会拎着碗自觉排队领取。乡中孤独的老人每月也可去乐善堂领五升米（一升为五斤）。其经费来源，部分是所购买田地的田租及行善捐助款。现存建筑中保存题记多处，刻于屋内南北向夹墙板壁上，为乐善堂为民造福的善举提供了有力的证明。

二、遗址概况

云峰寺遗址坐南朝北，海拔 489.2 米，东经 106°45′38″，北纬 29°13′47″。寺院建筑格局已不存，只基址最北端存条石垒砌的台基，高 2.3 米。乐善堂遗址现存西厢房 1 间，穿斗式结构，面阔 15 米，进深 9 米，台基高 1.6 米，下存 6 级台阶，宽 1.6 米。房内中部南北向隔墙上嵌砌石碑 3 块，并排而立，青石质，碑文基本可识。

云峰寺议事碑碑拓片

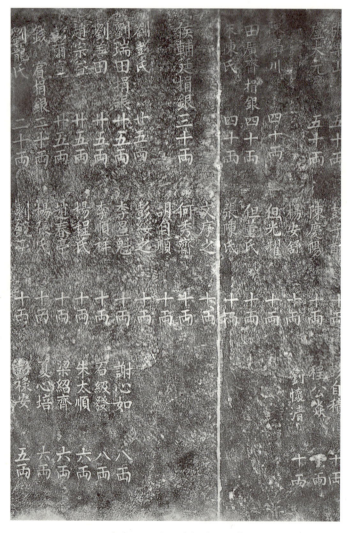

云峰寺买田置业碑拓片（局部）

云峰寺买田置业碑拓片（局部）

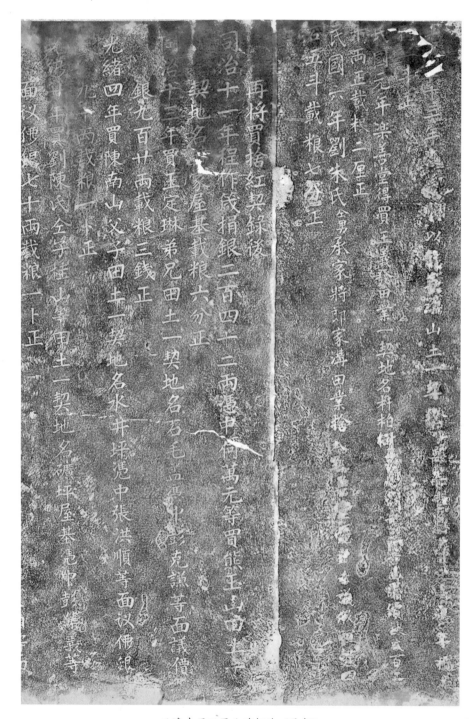

云峰寺买田置业碑拓片（局部）

謹將樂捐芳名列左

公議書院不八千何小溪各何補之益程大群各　　陳佐南小五百三十文
本堂三千一百五　陳劉一　捐霍受　一程大倫小
程大為　　　　　不朱英清子石吉發
彭自彭各錢四千王俊太二楊春發各胡耀亭一
劉枝辰　　　　　胡合明十汪裕順一劉鏡亭
胡炳鈞不三千　何超明　劉三合千一
張濟　　彭紉之　　　　　得星卓
陳雲山不一千文　李　劉　張樂山文
光緒三年七月買大礦山義塚共錢一百二十千零七百文零四　　寺僧立

云峰寺功德碑拓片

681

云峰寺议事碑拓片

云峰寺议事碑

云峰寺功德碑

云峰寺遗址

云峰寺遗址